KiWi 452

Über das Buch

Harald Schmidt ist der Mann, den Sie brauchen, wenn es klemmt! Soll ich Immobilien kaufen? Oder lieber Aktien? Vielleicht sogar T-Aktien? Kann man nach Mallorca fahren? Was bringt eine Finca auf Gran Canaria? Und wie geht's weiter mit Hongkong nach der Übernahme durch China? Lebenshilfe für alle Lagen enthalten auch Harald Schmidts farbige Erlebnisberichte mitten aus dem Leben: »Mein Rohrbruch« und »Meine Gasetagenheizung«, aber auch »Babyfunk abhörbar?« Harald Schmidts neues Buch ist eine Fundgrube für den allseitig interessierten Leser, der sich zum Beispiel gerne medizinisch beraten läßt (»Aspirin«, »Nase dicht!« und »Burn out«) oder nach psychologischer Orientierung sucht: »Wenn Frauen zu sehr leben« und »Sex in der Ehe«. Die Welt ist groß, und groß ist die Vielfalt der Themen und Geschichten, die der Leser hier findet, auch ohne sie gesucht zu haben. Und erstmals tritt der Autor, bekannt für Diskretion und Bescheidenheit, mit seiner Bekenntnisschrift »Ich bin heterosexuell« fast nackt vor den Leser. Das Beste, was Harald Schmidt in den letzten Jahren in seinen FOCUS-Kolumnen geschrieben hat, ist hier gesammelt, oft in erweiterter Form und mit erhellenden Kommentaren versehen.

Der Autor

Harald Schmidt, geboren 1957, Kabarettist und Gastgeber der täglichen Harald-Schmidt-Show in SAT 1 seit Dezember 1995.

Harald Schmidt

Warum?

Neueste Notizen aus dem beschädigten Leben

Kiepenheuer & Witsch

3. Auflage 1998

Umschlaggestaltung Manfred Schulz, Köln
Umschlagmotive S. Power / Focus-Magazin + Interfoto, München
Satz Jung Satzcentrum, Lahnau
Druck und Bindearbeiten Clausen & Bosse, Leck
ISBN 3-462-02653-4

Inhalt

Ermutigung

In Zeiten allgemeiner Depression, mangelnder Aufbruchsstimmung und eher beängstigenden Zukunftsaussichten (mehr Floskeln wollte ich gleich zu Anfang nicht unterbringen), in solchen Zeiten sollte sich doch manch einer die Frage stellen: Warum schreibe nicht auch ich Kolumnen?
Dem Fragenden könnte geantwortet werden:
»Sorge Dich nicht, schreibe.« Es ist noch einfacher, als Du glaubst.
Wichtigste Voraussetzung: Disziplin.
Allwöchentlich naht der Abgabetermin, denn natürlich wollen Sie nicht für die Schublade oder einfach so für sich schreiben, Ihre Kolumne soll gegen Tophonorar in der erfolgreichsten Presseneueinführung der letzten hundert Jahre einer blitzgescheiten und enorm kaufkräftigen Infoelite den Weg in eine triumphale Zukunft weisen! Zu dick, zu unbescheiden? O. K., Sie Versager. Dann bestellen Sie doch weiterhin Ihre Tageszeitung während des Urlaubs ab. Für alle anderen folgt jetzt ein Crashkurs zum Thema: »Kolumnisten – Die Millionäre der Zukunft«.
Hier sind die zehn goldenen Regeln:

1. Kein Thema ist zu armselig, um nicht auf zwei DIN-A4-Seiten ausgewalzt zu werden. Je dünner der Inhalt, desto bombastischer sollten die Überschriften ausfallen (Ende des Universums, Menschheit ade...).

2. Finger weg von Fachgebieten. Hier könnte man Ihnen auf die Schliche kommen. Bringen Sie Nobelpreisthemen in einem »menschlichen Zusammenhang« (Mutti und die Atombombe).

3. Ab und zu mal ein cooles Zitat einstreuen, à la »seriousness of purpose and lightness of touch« (C. P. Scott, Manchester Guardian). Heißt soviel wie: Auch beim Thema WK II schön locker bleiben.

4. Profitieren Sie von anderen. Einen gründlich recherchierten Artikel im Nachrichtenmagazin A garnieren Sie mit Kalauern, vertreten sodann die Gegenposition, und fertig ist die Kolumne für Nachrichtenmagazin B.

5. Alle fünfzehn Artikel einmal William Safire erwähnen.

6. Zappeln lassen. Nicht verraten, wer das ist.

7. Keine Anbiederung. Überlassen Sie Themen wie Massenarbeitslosigkeit, Subventionsabbau und Steuervorteile für Reiche ehrgeizigen Ressortleitern in der Lokalpresse. Ihr Motto sei: Aut sint ut sunt, aut non sint (je größer der Sozialabbau, desto wichtiger die Weißweintemperatur).

8. Überraschen Sie mit stilistischen Finessen. Stellen Sie ungezwungene Bezüge her zwischen Papst Clemens VIII (1758–69) und dem aktuellen Benzinpreis.

9. Verschleiern Sie Ihren tatsächlichen Bildungsstand (soweit möglich).

10. Sollte Ihnen mal wirklich absolut gar nichts einfallen, beginnen Sie Ihren Text mit dem Satz »Nicht umsonst gilt Beharrlichkeit als das Ideal der Jesuiten«.

11. Kündigen Sie zehn Punkte an und bringen Sie elf. Ihre Gegner werden staunen.

Kleiner Millionärsratgeber

Weit verbreitet ist der Irrglaube, viel Geld zu verdienen sei schwierig. Hat man erst einmal genügend zusammengerafft, dann fangen die Probleme so richtig an. Wohin mit der Penunze? Wie schütze ich mein Vermögen vor Inflation, Finanzamt und Verwandtschaft?

Hat die klassische Drittelung von Immobilie, Aktie und Festgeld noch ihre Gültigkeit? Die folgenden Seiten mögen kleine Anregungen sein, zumal das letzte Hemd durchaus Taschen haben kann, die schöne Tradition der Grabbeigabe in unserem Kulturkreis jedoch leider etwas aus der Mode gekommen ist.

Kleine Immobilienkunde

Wer abends in den Keller geht, um ein schönes Fläschchen gleich im Stehen zu trinken und ein zweites für die Lieben nach oben zu holen, der denkt sich seit einiger Zeit: Ei, was liegt denn hier im Keller? Die Zinsen sind's, so sehr, daß sie fast schon auf Grundwasser stoßen. Ein Narr, wer sich da nicht fünf- oder zehnjährig bindet, zumindest an eine Hypothekenbank seines Vertrauens. Nachdem er von der Blutgruppe bis zur Magenspiegelung alle Unterlagen beigebracht hat, darf er so niedrige Zinsen zahlen, daß sie mit bloßem Auge kaum zu sehen sind, und nach 33,3 Jahren nennt er die Immobilie stolz sein eigen.

Um den Immobilienteil in unseren Zeitungen besser verstehen zu können, sollen an dieser Stelle die häufigsten Begriffe und ihre wahre Bedeutung geklärt oder zumindest einer Klärung nahegebracht werden. Da wäre zunächst einmal die Formulierung *Für Liebhaber*. Sie verrät uns: Wenn Sie undichte Fenster, ein feuchtes Kellergewölbe, wurmstichige Wendeltreppen, Schimmel in den Ecken und eine angerostete Badewanne auf Schnörkelfüßchen für unverzichtbare Bestandteile des Zauberschlößchens halten, nach dem Sie schon immer gesucht haben, womöglich noch mit romantisch verwildertem Garten (erfordert Vollzeitgärtner mit Vietcongerfahrung), dann: Zugreifen! Vielleicht stehen Sie auch eher auf eine Eigentumswohnung, *teilsaniert und individuell geschnitten*. In diesem Fall ist im Hausflur das Treppengeländer grundiert, und das war's. Dafür hat in der individuell geschnittenen Wohnung der Vorbesitzer in der Abstellkammer eine Gästedusche installiert, die Küche mit einer Schlafempore bestückt und einen begehbaren Schrank gezimmert, der durch simple Herausnahme zweier Bretter je nach Bedarf als Kinderzimmer oder Tiefgarage genutzt werden kann. Die Schlafempore (»da steckt tierisch Arbeit drin«) würde er übrigens gern mitnehmen für den Wintergarten in seinem neuen Haus, für Zwanzigtausend extra (»nicht mal die Materialkosten«) läßt er sie aber auch drin, obwohl's ihm schwerfällt. Wir wischen eine Träne aus dem Auge und stoßen auf das Wort *Maisonetteverdächtig*. Hier ziehen Sie am besten gleich mit Ihrem Orthopäden ein, denn an der höchsten Stelle dieser Wohnung können Sie maximal auf allen vieren krabbeln. Der Hinweis *Nur noch wenige Wohnungen frei* signalisiert ein Zwölffamilienhaus mit gnadenlos überzogenen Quadratmeterpreisen, die einzelnen Wohnungen (38 bis 71 qm) lassen sich nicht mal mit Waffengewalt losschlagen. Bevor Sie eine Wohnung unter dem Begriff *Für den Studentenfilius* kaufen, ist es günstiger, den Sohn in einer Hotelsuite einzuquartieren. Verkäufern, die ihr trautes Heim als *Schnäppchen!* ankündigen, sei an dieser Stelle empfohlen: Nachts anzünden und der Versicherung melden. Ansonsten sei auf den demnächst erscheinenden Beitrag hingewiesen: Wie ich beim Neubau total viel Geld sparte, weil ich nach Feierabend mit meinem Schwager alles selbst gemacht habe (bevor er vom Gerüst fiel)!

Schon wieder Superbörsenjahr

Unglaublich! Wer in diesem Jahr noch arbeiten geht, ist selbst schuld. An unseren Börsen, da sind sich die Experten einig, läßt sich Geld wie Heu verdienen. 2700 Pünktchen für den DAX sind sozusagen Normalzustand. Außer zur Jahresmitte. Da liegt der faule DAX bei 2400 Punkten in der Sonne und blinzelt zum Dollar hoch, der dann garantiert bei 1,60 liegt. Außer, es treten unvorhersehbare Ereignisse auf. Oder ein. Wenn's um den Dollar geht, ruft übrigens der Schalker Finanzexperte Olaf Thon bei Uli Hoeneß in München an. Viele kannten Thon bisher nur als Fußballkapitän, doch in WELT am SONNTAG verriet er jetzt: »Für Zahlen bin ich geboren.«
Der passionierte Skat- und Schafskopfspieler ist ein ausgebuffter Finanzprofi. »Vorsicht bei Immobilien im Osten«, warnt der clevere Spielmacher, der traumwandlerisch sicher Rentenfonds von Pfandbriefen unterscheiden kann.
Leider wissen wir nicht, was O. Thon über die Volksaktie der Telekom an der Börse denkt.
Der Einstandspreis von 30 Mark war immerhin deutlich günstiger als ein Ortsgespräch zu Neujahr.
Kleiner Tip am Rande: Bei AT&T, eine US-Telekom, kam es zu einem deutlichen Kursanstieg, nachdem die Entlassung von 40 000 Mitarbeitern bekanntgegeben wurde. »Zeit aufbringen«, rät Deutschlands letzter Straßenfußballer speziell im Hinblick auf die US-Börsen.
Fast alle Börsenexperten haben einen sensationellen Tip parat: Daimler, VW, BMW und Siemens! Sie empfehlen den Kauf dieser bisher kaum bekannten Nebenmarken. Wer noch riskanter spielen will, der wagt sich gar an Familienbetriebe wie VEBA und Lufthansa. Letzte Instanz ist selbstverständlich der FAZ-Wirtschaftsteil. Hier wird geradezu Insiderwissen preisgegeben: »Über den Erfolg entscheidet... natürlich

auch der Kaufs- und Verkaufszeitpunkt.« Und: »Titelauswahl und Timing bleiben Trumpf.« Ja, das klingt kompliziert, ist aber ganz einfach: Wenn Sie zum richtigen Zeitpunkt die richtigen Aktien kaufen und verkaufen, dann klingelingeling! Außerdem wird empfohlen »Unternehmen und Management eingehend zu untersuchen«. Die Herren Schrempp, Piëch und Sommer warten schon. Ruf doch mal an!

Hosen runter, DAX rauf

Wir Besserverdiener sind verunsichert. Fällt der Deutsche Aktienindex (DAX) wirklich bald auf 1300 Punkte, um dann für zwei Jahre noch mal auf 2500 hochzugehen, bevor er bis zum Jahr 2005 auf mindestens 400 Punkte fällt? Und sind wir dann zu Hause oder gerade in Luxemburg, wo Theo jetzt endgültig alles dicht machen will?

In solchen schwierigen Zeiten, in denen kettenrauchende, pommesmampfende Bulgaren in New York den dicken Larry machen, ist es unbezahlbar, in heimatlichen Gefilden ein Finanzgenie mit breiten Hosenträgern zu kennen und als Sparer seine mühsam gerafften Kohlen von einem Team »ausgebuffter, hochspezialisierter Profis« (Selbsteinschätzung) in Sekundenbruchteilen vervielfachen zu lassen.

Staunend vernimmt der Laie, daß gerade in »japanischen Baskets« Renditen zwischen dreißig und vierundsechzig (»nageln Sie mich da nicht fest«) Prozent fast schon gesetzlich garantiert sind. Zudem verfügt Mr. Triple-A über Spezialwissen, das dem gemeinen Wirtschaftsteilleser leider fehlt. Krachen zum Beispiel Standardwerte wie Daimler oder Siemens innerhalb weniger Tage bombastisch nach unten, analysiert unser Börsenprofi blitzartig einen »Abwärtstrend, der vermutlich noch weitergeht«. Wenn dagegen selbst der lahmste Optionsschein zehn Mark pro Tag zulegt, wird in Fachkreisen gerne von »sehr guten Gewinnchancen« gesprochen. Daraus lernen wir: Wenn der Banker dreimal klingelt, boomt die Börse sowieso (Fachausdruck: »Hausse«). In Zeiten erfrischender Vermögenshalbierung (Fachausdruck: »Lief leider bißchen dumm«) bleibt das Telefon erstaunlich stumm. Dann will auch der Banker »erst mal abwarten, was New York macht«, denn leider hat man von der deutschen Filiale aus »keinen Einfluß auf den Dollar«.

Überhaupt kann nur ein maßgeschneidertes Finanzkonzept

erarbeitet werden, wenn der Kunde wichtige Daten wie Blutgruppe, Leberwerte und sexuelle Neigungen dem Bankcomputer anvertraut. Auf unverschämte Kundenfragen wie »Was ist denn mit Festverzinslichen in Peseten oder Lire?« reagiert der künftige Weltbankpräsident mitleidig bis geschockt. Sicher, da gäbe es schon mal so um die elf Prozent, aber dieses »waaahnsinnige Kursrisiko, gerade in diesen Ländern«. Warum nicht statt dessen einen hochinteressanten Fonds aus dem eigenen Haus, Rendite unklar, aber in jedem Fall sehr zu empfehlen? Wahrscheinlich hat der nette Bankangestellte »seine« Ersparnisse ähnlich investiert, vielleicht sogar im Großherzogtum, denn wie sonst wäre die Ansichtskarte der dortigen Kollegen zu erklären: »Deine schwarzen Zahlen hier lassen uns rot werden?«

Börsenwahnsinn

Jeder kennt Theo Waigel. Alle haben gelernt, wer Ron Sommer ist. Doch am Nikolaustag ’96 hat der deutsche Kleinsparer seinen natürlichen Feind kennengelernt: Alan Greenspan, Chef der amerikanischen Notenbank Fed.

Gerade als es so richtig knallte an den deutschen Börsen, als der gute alte DAX über die 2900-Marke kletterte, als BMW an einem Tag um 68 Punkte nach oben raste, als die BASF und Hœchst explodierten, als n-tv Börsenjunkie Friedhelm Busch schrie: »Die Allianz geht auf die 3000 zu«, da faselte dieser Herr Greenspan im fernen New York irgendwas von höheren Zinsen, Luftblasen und »Platzen der Seifenblase«.

Von da an ging’s bergab. Um sage und schreibe vier Prozent raste der DAX nach unten. Selig die Telekom-Aktionäre, denn diese Aktie hat striktes Bewegungsverbot, weder nach oben noch nach unten.

Rrrrrums, machte es bei VEBA, obwohl der Konzern just an diesem Tag ein Rekordergebnis gemeldet und Dividendenerhöhung in Aussicht gestellt hatte. Macht nix, Panik muß sein. Zwischen sieben und neun Prozent bewegten sich die Lieblinge der Saison, die Chemiewerte, im freien Fall nach unten.

Der schlimmste Börsentag »seit dem Putsch gegen Gorbi«.

Doch als sich der erste Rauch verzog, als Friedhelm Busch wieder Luft bekam (O-Ton am 2900-Donnerstag: »Warum bin ich nicht in Spanien?«), da konnte man beruhigt feststellen: abgestürzt, aber auf welchem Niveau! Alpinistisch gesprochen mußten sich die Börsianer auf dem Gipfelgrat zum Everest einige hundert Meter zurück begeben, während die Festgeldsklaven und Sparbuchopfer sich seit Jahren freuen, daß im Hunsrück die Wanderwege schneefrei sind.

Allein in den letzten 52 Wochen hat der DAX über 23 Prozent zugelegt. Diese Steigerung bieten nicht einmal an-

onyme Geldvermittler mit Briefkasten auf den Cayman-Inseln an.
Oder nach Professor Pi mal Daumen: Wer am Jahresanfang gute, alte deutsche Standardwerte gekauft hat (Daimler, BASF, VEBA) hat aber ganz locker mindestens 25 Prozent gewonnen. Haßobjekte wie die Siemens-Aktie bestätigen als Ausnahme diese Regel. Vor allem Fondsbesitzer werden sich freuen zu hören, daß »viele institutionelle Anleger den Börsenboom regelrecht verschlafen haben«.
Doch schon am folgenden Montag waren fast alle Verluste wieder aufgeholt durch ein Börsenphänomen, das mir bis heute niemand richtig erklären konnte: steigende Arbeitslosenzahlen in den USA. Wieso?

T-Aktie

Schon immer haben einzelne Buchstaben in unserer Gesellschaft eine hervorragende Rolle gespielt. Zum Beispiel das H. Es machte uns mit so unterschiedlichen Dingen wie H-Milch und H-Bombe vertraut, wer möchte noch O-Saft oder F-Wörter missen. Auch S-Klasse, B-Filme und C-Waffen gehören zu unserem multikulturellen Alltag, ebenso wie U-Haft und E-Musik. Stellt nicht der G-Punkt das I-Tüpfelchen im Leben moderner Frauen dar, oder hat uns der V-Mann im R-Gespräch falsch unterrichtet?

Nun scheint es, als müsse die Geschichte des T neu geschrieben werden. Zwar waren T-Shirts und T-Bone-Steak allgemein geschätzte Kulturgüter, doch neuerdings lauert uns immer und überall die T-Aktie auf. Und das kurz vor Ende der D-Mark. Für Aktionäre ist die T-Aktie ein echtes Leckerli. Zwar weiß keiner, was sie kosten soll (auf jeden Fall billiger als ein Klinsmann-Trikot), dafür steht die Dividende schon fest: 60 Pfennig bzw. 1,20 DM in den nächsten beiden Jahren. Beim Kauf von 200 Millionen T-Aktien (von mir telefonisch am 10. Oktober reserviert) sind das garantierte 360 Mio. Die nimmt man doch mit. Kleiner Börsenkurs am Rande: Dividende ist das, was es bei Daimler Benz '96 nicht gibt.

Und weiter geht's: Wer seine T-Aktie drei Jahre lang nicht verkauft, bekommt für je 10 Aktien eine Treue-Aktie geschenkt. Ähnliches kennen wir von den Bonuspunkten auf der Cornflakespackung. Super für uns Verbraucher: Ende nächsten Jahres verliert die Telekom ihr Telefonmonopol! Natürlich kaufen wir uns vom bei der Konkurrenz gesparten Geld dann neue T-Aktien. Kriegt die eigentlich auch Manfred Krug, oder nimmt der noch Geld?

P. S.: Sollte übrigens die geplante Gewinnbesteuerung bei Aktienverkauf außerhalb der 6-Monatsfrist tatsächlich kommen, empfehlen Insider Aktien der Deutschen Bank. Seit Jahren garantiert gewinnfrei.

T-Day

Es war neblig an jenem 18. November 1996, als an den alliierten Börsen der T-Day begann. An diesem Montag endlich würde das deutsche Volk vom größten Werbefeldzug befreit werden, den es je in seiner Geschichte zu erdulden hatte.
Im Gegensatz zu vergleichbaren Operationen in der Vergangenheit kam T-Day nicht überraschend und an unerwarteter Stelle. Seit Monaten hatten die einen mitgeteilt, wann und wo sie gestürmt werden konnten, und die anderen hatten sich in lange Listen eintragen lassen, um bei der ersten gelungenen Fusion von Sommerschlußverkauf und Generalmobilmachung mit dabei zu sein. Volkssturm im Zeitalter des Communication Highway. Für mich begann T-Day mit dem Abhören der Radiosender. Würde es Verletzte geben? Hatten alle begriffen, wie es geht, oder stürmten fehlgeleitete Kleinsparer persönlich in die Börsen? War die Deutsche Bank gewappnet, eventuell am ersten Tag der Notierung von der Telekom überflügelt zu werden? Um zehn Uhr bei n-tv reingeschaut, wo der fesche Friedhelm Busch heute noch fescher war als sonst (blauer Zweireiher mit Silberknöpfen, Einstecktüchlein).
Dann hieß es warten auf 11.30 Uhr, auf die erste Taxe. 31/34 DM, irgendwie nicht so aufregend, aber Herr Busch war beruhigt, weil bei diesem Kurs nicht gleich alle wieder ihre 100 Aktien verkaufen und 300 Mark Sensationsgewinn einstreichen. Um 12.27 Uhr schließlich erfahren wir von Kursmakler Ralf Brauburger den ersten Kurs der T-Aktie: 33,20 DM. Wahnsinn! Irre! Super! Here we are! I persönlich go essen, weil es meine Aktien an diesem T-Day ziemlich gebeutelt hat. Mahlzeit!

P. S.: War das wirklich Postminister Wolfgang Bötsch in Frankfurt, oder war es Manfred Krug mit Brille?

Legale Sparpaket-Tricks

Wer dieser Tage durch die Alleen wandelt oder sich in unseren Parks ergeht, dem können die ersten Opfer des Bonner Sparpakets nicht entgangen sein: Düster blickend saugen sie an ihren Zigaretten und starren trübe auf ihre Rottweiler und Schäferhunde. Für eine Leine reicht's nicht mehr. So manche heute Siebzehnjährige wird bald an einen Mönch aus dem »Namen der Rose« erinnern, wenn fauler Odem ihrem maroden Gebiß entweicht. Schluß mit Zahnersatz für alle Spätgeborenen ab '79. Dafür dürfen sie aber auch wieder bis 65 arbeiten, vorausgesetzt natürlich, sie finden einen Job. Wer früher in Rente gehen will, bekommt pro Jahr lebenslänglich 3,6 Prozent weniger. Wichtig für Studenten: Nur noch 3 (! i. W. drei!!!) Ausbildungsjahre werden anerkannt. Berücksichtigt man außerdem Inflation und Zinsrisiko, lohnt sich der Eintritt ins Berufsleben nur im Einzelfall.

Clever: Die Kürzung der Lohnfortzahlung im Krankheitsfall kann verhindern, wer 150 Tage pro Jahr krank ist und dafür 30 Urlaubstage anrechnen läßt. Außerdem gilt das Kündigungsschutzgesetz nur noch für Betriebe mit mindestens zehn Vollzeitbeschäftigten (Daimler, VEBA etc.: einfach den Großkonzern in viele Kleinbetriebe à 9 Mitarbeiter/Innen aufteilen. Super!).

Bei Kuren kommt künftig der olympische Gedanke voll zum Tragen: nur noch alle vier Jahre. Achtung: Wer seinen Wohnsitz rechtzeitig in die neuen Länder verlegt, zahlt pro Kurtag nur 20 statt 25 Mark dazu. Macht gesparte 105 Mark bei drei Wochen Kur, das ist schon fast ein Glas für die neue Brille, denn für die gibt's bald fast nix mehr von der Kasse.

Tip: Jetzt mal alles gründlich anschauen, dann können Sie später auf die neue Brille verzichten. Übrigens: Mütter mit Herzinfarkt haben demnächst doppelt Glück – hier bleibt die Kur so billig wie bisher.

Fazit: Eine 1945 geborene Mutter, normalsichtige Arbeitnehmerin in einem Zwei-Mann-Betrieb mit Wohnsitz in Rostock, die alle vier Jahre nach einem Herzinfarkt zur Kur geht, kann sich vor der Rente noch die Zähne richten lassen und ist ansonsten vom Sparpaket nicht betroffen. Glückwunsch!

Deutschland spart

Hier ist sie, die seit langem erwartete, tiefschürfende, brillante Analyse zur Rettung des Wirtschaftsstandorts Deutschland. Wie im Olymp der Wissenschaft üblich, habe ich durch Selbstversuch festgestellt: Der einzelne Bürger (z. B. Harald S. aus K.) möchte etwas weniger arbeiten bei übervollem Lohnausgleich! Und so geht's:

Unantastbar, meine Herren Sonderexperten, ist die Lohnfortzahlung im Krankheitsfall (Schnupfen, Unwohlsein, leichte Mattigkeit) bei gleichzeitig drastischer Senkung der Kassenbeiträge. Aufgepaßt, Kanzleramt: Um die Anhebung des Renteneintrittsalters auf 49 (Männer) und 76 Jahre (Frauen) werden wir nicht herumkommen. Ja, das ist unpopulär, aber 50 Mrd. müssen ja irgendwo herkommen. Da wir gerade beim Bimbes (pfälz. für Kohle) sind: Viele Spitzensteuersatzzahler sind irritiert durch die permanente Drohung, eben diesen Steuersatz auf 35 Prozent senken zu wollen und dafür alle »Vergünstigungen« zu streichen. Es handelt sich hier nicht um Vergünstigungen, sondern um unerläßliche Investitionsanreize in dem tierisch gefährdeten Industriestandort Deutschland, claro?

Und was genau ist mit »Steuersatz senken« gemeint? Für die wehrlose Masse der Großverdiener wären 35 Prozent eine menschenverachtende Anhebung ihres bisherigen Obolus. Jetzt mal ehrlich: Wir brauchen neue Arbeitsplätze. Ja, nur wer ja zum Gemeinplatz sagt, sichert auch einen Arbeitsplatz. Wie wäre es mit dem für Deutschland neuen Beruf des »Tüteneinpackenhelfers« an der Supermarktkasse wie bei unseren atlantischen Verbündeten? Um so sinnvoller, da die schlechtgelaunte Kassiererin bei Tengelmann demnächst durch »Selfscanning« der Kunden ersetzt werden soll. Selfscanning des Kunden ermöglicht sozusagen ein Wegbeamen der Kassiererin. Sätze wie »Sie sind schon der Dritte mit 'nem

Hunderter« werden uns fehlen. Auch der gute alte Tankwart, der vielleicht noch die Windschutzscheibe putzt, harrt der Wiedereinführung. Warum wird nicht ganz Deutschland nach dem Prinzip geführt, das neuerdings als Zauberwort überall auftaucht: Shareholder value? Viel Geld für kleine Mann, dann viel Geld für Bosse. Wenn nix, dann Bosse ab in Wüste. Für kleine Mann alles Jacke wie Hose.

P. S.: Brauchen wir Leute, die jetzt schon offen fahren?

Meine Rente

Habe ich schon erwähnt, daß ich seit Jahren keine Rentenbeiträge mehr bezahle? Das kam so: Als ich mal vor vielen, vielen Jahren am Stadttheater war, wurden mir zweiundachtzig Prozent meines Einkommens für meine Altersvorsorge gleich abgezogen. Ungefähr. Dann schritt ich hinaus in die wunderbare Welt des Freiberuflertums, begleitet von der Kollegenfrage: »Ja, und wer zahlt Deine Rentenbeiträge?« Klar, daß ich mich nach dieser cleveren Frage gleich mal erkundigte, und zwar bei einer Institution in Berlin, die glaube ich BfA heißt. Von dort bekam ich die Auskunft, daß ich »meine fünf Jahre noch nicht voll hätte«. Der Schock ist in etwa vergleichbar mit dem, welchen Menschen erleiden, die plötzlich erfahren, daß sie »zu wenig geklebt haben«. Mir fehlten drei Monate auf fünf Jahre. Auf Empfehlung habe ich die drei Monate »nachbezahlt«, ein Betrag von etwa zwoundsiebzigblumenkohl, jetzt habe ich Anspruch auf eine Mindestrente. Zusätzlich habe ich natürlich eine Zusatzversicherung bei der Bayerischen Versicherungskammer. Diese zusätzliche Zusatzversicherung hat jeder Schauspieler, falls ihm mal ein Ziegel auf den Kehlkopf fällt oder er von einem elektrischen Krankenfahrstuhl auf dem Gehweg arbeitsunfähig gefahren wird. Die zahle ich mit dem Mindestbeitrag weiter, denn das System ist echt raffiniert: Man zahlt ganz lang nur den Mindestbeitrag, aber zwischen dem 45. und dem 55. Lebensjahr zahlt man ganz schnell ganz viel ganz hohe Beiträge und kriegt dann später eine total hohe Zusatzrente. Nun muß ich erfahren, daß fast die gesamte Alterssicherung von der brillibesetzten Hand in dem vollsanierten Mund lebt. Kein Wunder, daß da der Eckrentner stark gefordert ist. Wer allerdings glaubt, der Eckrentner steht den ganzen Tag am Eck und paßt auf, wer falsch einparkt, der irrt.

Der Eckrentner hat vielmehr fünfundvierzig Jahre gerackert,

eingezahlt und kriegt dafür eine Durchschnittsrente von etwa 1940 Mark. Wäre er allerdings mal um die Ecke gegangen zur Sparkasse, dann könnte er für seine Beiträge heute dort Millionen rausschleppen. Jetzt droht dem Eckrentner, daß sein Rentenniveau auf 22,9 Prozent gesenkt wird, dafür soll sein Eckenkel dann 64 Prozent Beiträge bezahlen. Oder so ähnlich. Ist doch logisch, daß unsere Gesellschaft da unruhig wird, wo das Sozialsystem voll am Wanken ist. Kann denn ein Girlie überhaupt Generationenvertrag buchstabieren? Vielleicht naht die rettende Idee aus Rußland, wo Boris Jelzin kürzlich seinen sessunnsesshicksten Geburtstag feierte. Dort liegt das aktuelle Durchschnittsalter für Männer bei 58 Jahren, und Renten werden nur ab und zu mal ausbezahlt. Brächte in Deutschland mehrere Fantastillarden.

Echt legale Steuertricks

Aus einem befreundeten Nachrichtenmagazin mußten wir erfahren, daß dem Fiskus allein im Jahr 1994 105 Mrd. Mark an Steuern entgangen sind. Durch Tricks schaffen es Besserverdienende, den Spitzensteuersatz um bis zu 19% zu senken. Bevor an dieser Stelle Neid aufkommt, sei überlegt: Sollten wir nicht dankbar sein für jeden Besserverdienenden, der überhaupt noch Steuern zahlt? Sollten wir vielleicht auf den einen Zahnarzt mit Fingern zeigen, der zweihundert Eigentumswohnungen in seiner Einkommensteuererklärung geltend macht, und die vielen Formel-1-Weltmeister ungeschoren lassen, die sich in die Schweiz absetzen? Zumal jeder auf grundehrliche Art Steuern sparen kann, wenn er einige ganz legale Tricks kennt. In beispielhafter Selbstlosigkeit seien hier die wichtigsten verraten:

1. Die Einliegerwohnung

Wer kennt sie nicht, die sinnlose Eingangstür im Untergeschoß, die mitten auf den Rasen zeigt und hinter der angeblich die Schwiegermutter wohnt. In Wirklichkeit verbirgt sich in den beiden Zimmern eine Tischtennisplatte für die Kinder sowie Muttis Bügelraum.

Merke: Das Finanzamt muß beweisen, daß die Begründung »Meine Schwiegermutter hat ein Bügeltrauma, daß nur mit zehn Stunden Tischtennis pro Tag einigermaßen in den Griff zu kriegen ist«, nicht stimmt. Risikofaktor: Sie haben gar keine Schwiegermutter.

2. Kugelschreiber in verschiedenen Farben

Unerläßlich für jeden Kleingewerbler, bei dem die Ehefrau die Buchführung macht. Taxiquittungen über 11,– oder 16,– DM? Mal mit grünem, mal mit blauem Stift? In jeder Gattin steckt ein kleiner Kujau. Mit der richtigen Farbe eine 1 davor gemacht, und Sie kriegen vom Fiskus noch was zurück (bitte nur in Notfällen eine 2 davor, bei Stadtfahrten über 200 Mark neigen unsere Finanzbeamten zu Mißtrauen).

3. Wohnsitz Monaco

Ideal: Dem Fiskus sind Steuern sozusagen ein Greuel, und die Ausländersteuer hierzulande drücken Sie aus der Portokasse ab. Vorsicht: Der Hauptwohnsitz Monte Carlo muß glaubhaft sein. Das Kilometergeld auf der täglichen Fahrt zum Arbeitsplatz in Bremen oder Wolfsburg wird sorgfältig nachgerechnet, genau wie die Pauschale für die »täglich 22stündige Abwesenheit von der Wohnung«. Tophinweis: Tankbelege sammeln!

4. Firmensitz Niederländische Antillen

Eignet sich besonders für alternative Schreinereien oder Einmannspeditionen mit einem Jahresumsatz bis zu 27 000,– Mark. Einfacher geht's nicht! Sie gründen im karibischen Inselparadies eine Firma mit klangvollem Namen wie »Sunshine production b. V.«. Diese Firma stellt die Rechnung aus, Sie selbst wiederum sind für 4,– DM monatlich bei dieser Firma angestellt. Die 4 Mark versteuern Sie ordnungsgemäß, die restlichen Milliarden holen Sie irgendwann mal mit dem Köfferchen ab. Risikofaktor: Kann manchmal schiefgehen (Graf!). Auf Kleingedrucktes achten. Dies sind nun die legalsten von vielen tollen Steuertricks, absolut wasserdicht, außer natürlich, es geht was schief. Für diesen Fall gilt der alte Trick: Alles der Frau überschreiben. Soll aber auch schon schiefgegangen sein.

P. S.: Der empfohlene Kauf von BMW, VW und Daimler hat sich doch gelohnt, oder?

Zipfel vom Mantel der Geschichte

Seit 1995 häufen sich die 50jährigen Gedenktage, die mit dem 8. Mai 1945 verbunden sind, an dem der Zweite Weltkrieg für einzelne Teile der Bevölkerung offiziell beendet war. Die große Dichte der Feierstunden, verbunden mit einer Überdosis an Filmen, Serien, Features, Diskussionen, Sonderheften, willigen Helfern und geschäftstüchtigen Vollstreckern hat auch mein Gemüt erreicht, obwohl mich bei der großen Weltpolitik sonst hauptsächlich die Frage beschäftigt: Kann man mit Franz Müntefering den Willen zur Macht haben?

Druck der Straße

Wolfgang Schäuble hat es gleich gesagt: Hätten wir damals beim NATO-Doppelbeschluß dem Druck der Straße nachgegeben, dann hätten wir heute noch die Sowjetunion und die DDR.

Irgendwie hat der sympathische Badenser das mit der Unnachgiebigkeit positiv gemeint. Aber irgendwie war es 'n Stück weit vielleicht doch 'n Fehler oder 'n Fähler. Sozialabbau, Sparpaket, Rentenkrise – so was hat's doch früher nicht gegeben, als der Russe noch wahllos in der Sowjetunion lebte und die Verwandtschaft von drüben erst ab '65 rübermachen konnte.

Deshalb spüren W. Schäuble und Freunde jetzt wieder den Druck der Straße, 350 000 nutzten den arbeitsfreien Samstag bei herrlichem Sommerwetter in Bonn zur Teilzeitrevolte. Frei nach Tucholsky wurden hier nicht nur Bahnsteigkarten gelöst, sondern man reiste auch pünktlich wieder ab. Fair geht einfach vor. Empört muß die Vermutung der FAZ zurückgewiesen werden, viele Demonstranten gegen »Sozialabbau« seien nur wegen der schlechten Verkehrsverhältnisse nicht in »ihren Mittelklasse-Wagen« gestiegen. Umweltschutz und Gemeinschaftsgefühl in »klimatisierten Autobussen« (FAZ) waren sicher wichtige Fun-Faktoren auf dem Weg nach Bonn.

Auch kann an dieser Stelle die Teilnahme von Bischöfin Jepsen aus HH nur begrüßt werden. Nicht umsonst verzeichnen die Kirchen gerade bei jüngeren Menschen einen ähnlichen Mitgliederboom wie die SPD.

Kein Wunder also, daß selbst SPD-Megastar O. Lafontaine das Traumwetter zu einem Ausflug an die Basis nutzte. Unterstützt wurde der korpulente Querdenker dabei von seiner Gattin Christa (solidarblond wie eine ladenschlußgefährdete Kassiererin) und der unvergänglichen Heidi W.-Zeul, die nach Mururoa zum zweitenmal die Herrschenden in die Knie zwang. Wer Lafontaine an diesem Samstag in Bonn erlebt hat, dem wird klar: Wo der dicke MP auf dem Weg zur Sonne, zur Freiheit einherschreitet, dort übt die Straße keinen Druck mehr aus.

Jetzt auch offiziell: Oskar L. ist für die deutsche Politik so unverzichtbar wie Lothar Matthäus für die Nationalmannschaft.

Mein 8. Mai

Viele Prominente berichten in diesen Tagen über ihre individuelle Erinnerung an den 8. Mai. Auch ich werde diesen 8. Mai nie vergessen.
Sofort nach dem Aufwachen fühle ich mich irgendwie befreit. Von meinen Kopfschmerzen. Es hat sich also doch gelohnt, daß ich noch vor dem Schlafengehen ein Aspirin genommen habe.
Aus dem Radio tönt amerikanische Musik. Ziemlich schwarz. Sie klingt verboten, aber so geht es jetzt fast den ganzen Tag. Heute genieße ich besonders, mich zu rasieren, denn es gibt wieder Schaum und Klingen. Leider wurden sie mir nicht von einem GI zugesteckt, sondern ich habe sie in der dm-Drogerie gekauft.
Unten vor dem Haus bremst ein Jeep. Schade, keine Amis drauf, die Kaugummi und Cola verschenken, sondern nur die Frau des Sonnenstudio-Besitzers, die Brötchen holt. Die letzte Woche hatte es auch im Fernsehen in sich. Unsere gesamte Serienelite trug entweder Uniform oder Kopftuch. Waren Trümmerfrauen wirklich so sexy? Einzelne Augenzeugen (»Hitler ging fünfmal an mir vorbei. Er wirkte wie ein lebender Leichnam.«) sah ich in sechs verschiedenen Sendungen.
Ich koche echten Bohnenkaffee und gieße frische Milch über amerikanische Cornflakes. Außerdem belege ich je eine Brötchenhälfte mit ungarischer Salami und französischem Käse. Ja, es ist wieder alles zu haben, wenn man nicht vergißt, vor dem Wochenende einzukaufen. Doch ich hatte keine Zeit, denn ich verbrachte das Wochenende in Österreich, im grenznahen Vorarlberg zwischen der Schweiz und Deutschland. In einer letzten Großoffensive sollten noch einmal Millionen mitgerissen werden. Das Ergebnis steht noch aus, als ich im Schein der Notbeleuchtung diese Zeilen tippe. Aber

sollte es mir nicht gelungen sein, will man es mit Männern versuchen, die zum Teil schon 60 und älter sind. Die ARD scheint zu allem entschlossen.
Draußen vor der Tür klingelt es. Der Russe? Oder Walter Kempowski, der aus diesem Text eine Serie machen will? Es ist mein Nachbar, ich soll mein Auto wegfahren. Plötzlich fangen meine Hände an zu zittern, kalter Schweiß steht mir auf der Stirn. Klare Ursache: Seit einer halben Stunde habe ich keinen Film zum 8. Mai gesehen.
Ich krieche in meine Wohnung zurück und lege eine Kassette ein. Volkssturm, Nazis, Trümmerfrauen – langsam beruhige ich mich wieder.
So war er, mein 8. Mai.

Sorry, Jungs. Deauville complet!

Am D-Day ist kein Zimmer frei. Dies ist nicht der Titel einer leicht frivolen Militärklamotte auf SAT 1, sondern eine peinliche Mitteilung von normannischen Hotelbesitzern an kanadische Veteranen, die für den 6. Juni schon gebucht und bezahlt hatten, jetzt aber in den Luxushotels plötzlich unerwünscht sein sollen. Pourquoi ça? Am sechsten Juni 1994 jährt sich zum fünfzigsten Mal die Landung der Alliierten in der Normandie, und wer von den Teilnehmern damals heute noch lebt, der möchte es noch mal so richtig krachen lassen. Achtzigjährige Omaha-Beach-Boys wollen sich – laut Veranstalter an Fallschirmen – aus den Wolken stürzen, Entertainer Bob Hope liefert den vermutlich besten Auftritt seit dem Golfkrieg. Und nun der plötzliche Zimmermangel, der sogar höchste Kreise in Paris zu Entschädigungszahlungen bewogen haben soll. Vielleicht fürchten die Hoteliers in Deauville um ihr Image, obwohl tough guys, die mit siebzig verweht noch vom Himmel fallen, nicht unbedingt im Gegensatz zum morbiden Charme des Badeortes stehen. Oder fürchtet man um die Benimmregeln. Wie werden Mom und Dad zum Frühstück erscheinen? Zackig in Uniform (er) und mit bläulicher Betondauerwelle (sie), oder – how are you today – mit Jogginganzügen und Baseballmütze? Mon Dieu! Verbrüderungsszenen mit dem ehemaligen Feind sind nicht zu befürchten, denn die Krauts sind nicht eingeladen, obwohl, très élégant, man ja nicht den Sieg über Deutschland feiert, sondern den gegen Hitler, der ja – oft gehört als Kind bei Opas Frühschoppen – die deutschen Panzer in der Normandie stoppen ließ. Ein Fall für Professor Nolte?

Obwohl es dem spät geborenen Verfasser dieser Zeilen irgendwie ungerecht erscheint, daß wir Deutschen erst nächstes Jahr zum fünfzigsten Jahrestag des Kriegsendes kommen dürfen. Von Henryk M. Broder bis Reginald Rudorf sind sich die Talkshowgäste einig: Ohne Deutschland kein WK zwo, und ohne 2. WK kein D-Day. Ist doch historisch einwandfrei, oder?

Vielleicht gibt es ja noch die Möglichkeit, daß die Bundeswehr sich an das Modell »Somalia« erinnert und aus humanitären Gründen mal in der Normandie vorbeischaut, etwa um Veteranen ohne Hotelzimmer mit Wohncontainern und Nahrungsabwürfen aus der Luft behilflich zu sein. Bleibt nur zu hoffen, daß das Wetter an der Kanalküste mitspielt. Wäre doch zu schade, wenn die Greise samt ihren Fallschirmen im Nebel über Sarajewo absprängen.

Reisetagebücher, ziemlich verweht

Reisen bildet. Es wäre doch wirklich schade gewesen, hätte man auf die gute, alte Binse an dieser Stelle verzichtet.

Die Texte des folgenden Kapitels habe ich aus den exotischsten Winkeln unseres Erdballs (heißa, da ist mir ein poetischer Leckerbissen geglückt!) in die Heimat gefaxt.

Mal sind es unvergeßliche persönliche Eindrücke, die ich aus Gründen, welche sich nur mir erschließen, für mitteilenswert erachtete, mal sind es aus den lokalen Tageszeitungen zusammengeschusterte Artikelchen (ist nicht gerade das die wichtigste Fähigkeit für einen Auslandskorrespondenten?). Mich jedenfalls hat es immer zutiefst befriedigt, wenn ich meinem inneren Konzelmann freien Lauf gelassen habe.

Reisen '97

Was klopft denn da an unsere Tür? Der Frühling ist's, der Lenz, nur vier kurze Wochen noch entfernt. Da heißt es aber hurtig das Ränzlein schnüren und hinaus in Gottes schöne Welt, lebewohl ade! Nun wollen wir an dieser Stelle nicht in die ewig gleichen Klagen vom bösen Pauschaltourismus und zubetonierten Stränden, von bleichen Männerwaden und grellbunten Shorts verfallen, vielmehr soll ein konstruktives Angebot unterbreitet werden, wie man wieder im ursprünglichen Sinn des Wortes reisen kann. Zwar ist auch mir der ursprüngliche Wortsinn von »reisen« unbekannt, aber ebenso wie in der guten alten Zeit, als Goethe mit der Kutsche gen Italien schaukelte und dort bequem sein Tischbein von sich streckte.

Planen wir also eine durchaus vorstellbare Reise von sagen wir Düsseldorf nach angenommen Duino, im Reiseprospekt für die gebildeten Stände angekündigt als »Von Heine zu Rilke«. Anders als die Sklaven der Leistungsgesellschaft brechen wir nicht um vier Uhr früh auf, um »in einem Rutsch durchzubrettern«, wir verlassen den »Schreibtisch des Ruhrgebiets« per Automobil gemächlich gegen elf, nach dem Frühstück. Nach etwa dreißig Kilometern bietet sich in Worringen Gelegenheit für eine erste Rast. Ein wenig in die Sonne blinzeln und versuchen, die Atmosphäre der Schlacht bei Worringen nachzuempfinden, welche bis heute prägend für das Verhältnis zwischen Köln und Düsseldorf ist. Da kann es leicht passieren, daß man sich verbummelt, und schon wird es Zeit, ein Quartier für die Nacht zu suchen. Gar zu verlockend sind da die Gasthöfe des nahen Bergischen Landes oder der ebenfalls nicht fernen Eifel. Wer keine Herberge mehr findet, kann auch mal für eine Nacht die herrliche Studentenzeit aufleben lassen. Hand aufs Herz: Wann haben Sie zum letzten Mal im Auto gepennt? Wie in Abrahams Schoß werden Sie schlummern, bis

Sie vom Duft frischen Kaffees, warmer Brötchen oder der Taschenlampe des Hausmeisters geweckt werden.
Die beste Himbeermarmelade (für Insider: Mmmhbeermarmelade) gibt's übrigens gleich hinter der Kirche bei Frau Ewermann. Dreimal klingeln und dann kurz ans Fenster klopfen. An guten Tagen rückt »Männchen«, wie sie alle nennen, auch zwei Gläser raus. Wichtig für diese wieder zu entdeckende Art des Reisens: Wissen, wo es das Beste von irgendwas gibt. Meistens »beim Bauern«. Oder bei Madame Lafayette in St. Odile im Elsaß, die eigentlich eine Schnellreinigung betreibt, auf Nachfrage aber listig mit den Äuglein zwinkert, sich einen Schnurrbart anklebt und Spaghetti à la Meuse kocht (Zwiebeln, zwei Jahre alte Butter, mundgeblasener Parmesan und einen Schuß Menthe à l'Eau nach dem Zähneputzen. Superb!).
Wer so reist, kommt vielleicht nicht unbedingt ans Ziel, wird dafür jedoch um vieles reicher an Herzensbildung den künftigen Stürmen des Lebens entgegentreten.

P. S.: Herr Armani, ist das schwarze T-Shirt, in dem Sie immer fotografiert werden, eigentlich auftätowiert?

Mallorca-Tagebuch

An einem jener Abhang-Tage, »über die man mit vollem Schwung und singend hinunterläuft«, wie Marcel Proust schrieb, las ich in Ingomar von Kieseritzkys Buch »Unter Tanten und andere Stilleben« von einer Frau, die mit dem Chirurgen, der sie totaloperiert hatte, durchgebrannt war. Wenig später erwarb ich in einem ziemlich neu wirkenden Supermarkt in Palma de Mallorca in Cellophan verpackte Erdbeeren, die nach nichts schmeckten. Holla, höre ich da manchen einwenden, wie kann etwas nach nichts schmecken? Hat das Nichts etwa Geschmack? Recht hat der Einwender, eher waren die Erdbeeren aromatisch gleich null. Die Gedanken bei Kieseritzkys totaloperierter Durchbrennerin, im Mund die geschmacksneutralen Erdbeeren, steuerte ich meinen total geschmacklosen Leihjeep in den Norden der größten der balearischen Inseln. Mein weißer Leihjeep hatte total peinliche pinkene Blitze auf den Türen, und Carlo Fontana, der gestrenge Meister des römischen Spätbarock, wäre bei ihrem Anblick sicher rot angelaufen wie eine Erdbeere. Nachmittags eine 1,7-Mio.-Mark-Villa besichtigt. Hanglage, Meerblick. An den Wänden laut Makler nur echte Bilder. Erkenne auf den ersten Blick: später Kaufhof, etwa um 1991, dazwischen vereinzelt auch einige echte Horten aus der mittleren Phase. Viel offene Schenkel mit Melonen. In solchen Villen deponieren reiche Düsseldorfer rauschgiftsüchtige Söhne, welche nicht zur Leitung des Familienbetriebs taugen, oder Ehefrauen, die nach der Menopause als Innenarchitektin in südliche Gefilde verfrachtet werden.
Essen gegangen, auf dem Weg zur Toilette von einem Deutschen mit der Videokamera verfolgt worden.
Habe Villa nicht gekauft (Pool zu klein, außerdem meine Bremer Vulkan drastisch gefallen). Gegen Abend nach Arenal gefahren, in einem kleinen Biergarten mehrmals unter

großem Beifall der Nachbartische Gottfried Benns Gedicht »Satzbau« rezitiert. »Alle haben den Himmel, die Liebe und das Grab...« Aber nicht einmal auf n-tv können sie die Dynamik der VEBA-Aktie erklären.

Ferienhaus, total billig

Kürzlich im Reisebüro, erfuhr ich zufällig den aktuellen Hit: Eine Woche Dominikanische Republik für 860 Mark, alles inklusive. Auch den Beginn dieser Buchungswelle konnte mir der Angestellte präzise verraten: einen Tag nach dem Absturz. Vermutlich erfuhren viele Sonnenhungrige erst durch die Flugzeugkatastrophe, wie billig man in der Karibik Urlaub machen kann. Der Rest ist Statistik.

Wird anläßlich solcher Meldungen nicht der Wunsch vieler Intellektueller nach einem eigenen Ferienhaus verständlich, und zwar »dort, wo keine Touristen sind?« Zum Beispiel auf Gran Canaria. Ein dem Elend der Anonymität ausgelieferter WDR-Fernsehredakteur hat dort vor fünf Jahren in einer »dieser urigen Kneipen« José kennengelernt, der ihm nicht nur ein »altes Fischerhäuschen« besorgen wollte, sondern sich auch gleich zur Renovierung anbot, selbstverständlich »ohne den Charakter des Hauses zu verändern«. Zwei Fragen bleiben an dieser Stelle offen: Woher hatte der Fernsehredakteur 30 TDM in bar für die Anzahlung an José, und wie dicht war er, als er sich darauf einließ?

Als kleiner, unaufdringlicher Hinweis sei an dieser Stelle die Bemerkung erlaubt, daß Prozesse zwischen Deutschland und Gran Canaria sehr schleppend verlaufen und alle Gran Canarier miteinander verwandt sind. Ich verbiete dem Redakteur übrigens, José in meiner Gegenwart als »schnauzbärtige Drecksau« zu diffamieren.

Andere Bekannte (Dipl.-Geologe und Gartenbauarchitektin mit Spezialgebiet »Feuchtbiotop in Reihenhausgarten«) hatten mehr Glück. Sie fanden nicht nur ein 250 Jahre altes Bauernhaus in der Bretagne, sondern auch Handwerker, die sie als Deutsche »voll akzeptiert haben«, obwohl sämtliche Handwerkerfamilien der Résistance angehört hätten. Als erstes hat der antifaschistische Maurer in eigener Entscheidung den 250jährigen Original-Kamin rausgerissen und einen zeitgemäßen mit gelblicher Rigipsverkleidung gemauert. Sieht erstens besser aus, und zweitens hat er zu Hause denselben. Sein Schwiegersohn auch. Alle. Die Gartenbauarchitektin schluckte schwer und sagte wenig, bis der Sanitärbretone (Schwager der Frau des Mannes) die Original-Wanne auf den Müll warf und ein rosa Teil mit Massagestrahl installierte. Die mittlerweile leicht ausrastende Geologengattin lernte bei ihren Protesten den fließenden Übergang zwischen Résistance und Renitenz kennen. Merke: Willst Du für Dein Haus das Doppelte, verkaufe es einem Holländer. Willst Du das Dreifache, verkauf es einem Deutschen. (Alte belgische Volksweisheit).

Fly & Klau & More

LH-Flug 912 Köln–München is now ready for boarding. Sind es noch die Hochwasser-Spätfolgen, oder bedroht die neue Armut jetzt auch das mittlere Management unter den Passagieren? Verbieten unsere Topkonzerne ihren Mitarbeitern nicht nur die Taxifahrt vom Münchner Flughafen in die City (»außer wir sind mindestens vier«), sondern auch den käuflichen Erwerb von Nahrung?

Wie sonst ist der beidhändige Griff unserer Leistungsträger in die Obst-, Joghurt- und Schokoriegelkörbe zu erklären, die in den Warteräumen der Flughäfen bereitstehen? Immer mehr Jungdynamiker mit beängstigend kreativen Krawatten sowie mittelalterliche Führungskräfte in grauen Einheitstretern (»Mephisto«) zum dunkelblauen Zweireiher füllen sich kurz vor Abflug die Taschen, als ginge es zum Picknick nach Bosnien. Brauchen wir in Zukunft eine Gewichtskontrolle für Snacktüten (selbstverständlich gegen eine Sicherheitsgebühr von DM 5,–)? Nach Abflug kommt es noch schlimmer. Denn wer fünf »Nuts« in die Hosentasche steckt, der antwortet auch im Flugzeug auf die Frage »Tee oder Kaffee?« – »Piccolo«. Nur der erste Piccolo wird gleich gekippt, der zweite verschwindet klingklong im Aktenkoffer, schließlich muß man ja während der Besprechung auch mal auf die Toilette. Halt, da hätten wir doch fast das Angebot an Gratis-Zeitschriften vergessen (im Fach oben gleich neben den Wolldecken), hier scheint die Abgabe unter vier Exemplaren verboten.

Auch reife Herren blättern vor dem take-off gerne mal in Damenzeitschriften, die Dessous-Werbung ist meistens auch geiler gemacht als die Fotos in den Magazinen, in denen angeblich alles steht.

Wir bleiben unterhalb der Sicherheitsgurtlinie, denn während die Maschine zum Start rollt, erhebt sich die Frage:

Kann sexuelle Belästigung am Arbeitsplatz schöner sein als die, welche den Flugbegleiterinnen widerfährt, während sie uns »mit den Sicherheitsmaßnahmen vertraut machen«? Vor allem ungefährlicher, weil nur optisch?
Natürlich halten sich die meisten Passagiere sofort nach dem Anschnallen irgendeinen Wirtschaftsteil vors Gesicht, schließlich muß man ja wissen, um wieviel zu früh man wieder aus den Optionsscheinen ausgestiegen ist (der VEBA 93er ist übrigens schwer im Kommen, Anm. d. Verf.), aber spätestens, wenn die Flugbegleiterin die Schwimmweste erklärt und zu diesem Behufe den Stöpsel sanft an die Lippen führt, signalisieren mindestens dreißig männliche Augenpaare über der Halbbrille (ist übrigens gnadenlos out) einen herzkranzgefährdenden Anstieg des Hormonpegels. Im Interesse des weiblichen Personals bitten wir Sie, während des gesamten Fluges angeschnallt zu bleiben!

Eggs, Bacon, Giacometti

London ist so nah. Der Flug dauert nur fünf Minuten (Abflug 11.00 Uhr, Ankunft 11.05 Uhr). Vorher aber unbedingt gute Freunde fragen, was angesagt ist. Oder guten Freunden vom geplanten London-Trip erzählen, dann verraten gute Freunde unaufgefordert, wo es die besten Croissants gibt. Warum nach London, wenn nicht wegen der Croissants? Oder wo Sting Cappucino (oder Capuccino?) trinkt. Vielleicht im »Kahn's«, dem »quietschblau bemalten Schuppen mit lauter indischer Kantinenatmosphäre«?

Sofort nach Ankunft mit »Tube« nach Soho, dann Bummel durch Läden mit den »schrillsten Schuhen, verrücktesten Hüten und flippigsten Jacken«, vielleicht überraschende Begegnung mit den Pet shop Boys beim Schrille-Schuhe-Kauf. Anschließend kurzer Walk durch die prickelnde Frage: Luxuslimousine oder Autobombe mit Karosserie?

Ein absolutes must am Nachmittag: Picasso-Ausstellung in der Tate Gallery. Hier gibt's die absolut besten Picassos. Leider unverkäuflich. Picasso selbst leider nicht anwesend, weil tot. Nach Picasso dann zu Turner. (»Nicht Ted von CNN, sondern Maler von 1775–1851.«) Welches sind die absolut besten Turners? »St. Bernadetto looking towards Fusina« oder »Riva degli Schiavone, Venice: Water Fete« oder vielleicht »Shadrach, Meshach and Abednego in the burning Fiery Furnace«?
Eventuell gute Freunde fragen.

Auf dem Weg aus Museum noch vorbei an Bacon and Giacometti, danach beste Bacon and Eggs bei »Joe's«.
Abends Musical. Absolut hyper-trendy: Previews gucken. »Hot show Shuffle«, opens 22 March, wird wahrscheinlich

Riesenerfolg (Vermutung d. Verf., weil Preview-Publikum raste vor Begeisterung). Inhalt: Sieben Brüder steppen mit totgeglaubtem Vater und unbekannter Schwester, daß die Luft brennt. Am nächsten Abend in »Crazy for you«. (In: Mit New Yorker Aufführung vergleichen.) Inhalt: 22 Mitwirkende tanzen und steppen, daß die Luft brennt. Nach dem Rückflug nach Deutschland (dauert zwei Stunden. Pfusch?) alles mit cooler Kennermiene guten Freunden erzählen oder an Focus faxen.

Prollfreier Urlaub

Das bevorstehende Osterfest deutet an: Der nächste Urlaub kommt bestimmt. Wohin also in diesem Jahr? Kaum einer steht noch unter dem Zwang, vor Freunden das Urlaubsziel rechtfertigen zu müssen, sogar Mallorca ist seit einigen Jahren für bisher klassische Nicht-Mallorcaurlauber gestattet. Empfehlenswert ist allerdings noch immer der Zusatz: »Die Insel selber ist ja traumhaft schön.« Damit angedeutet ist, daß man a) selbst die Insel kennt (Westküste, Chopin etc...) und b) nicht das vom Arenal geprägte Negativbild übernommen hat. Denn im Arenal ist nur der Proll.

Womit wir bei der dringend notwendigen Klärung eines neuen soziologischen Begriffs wären: Wer gehört zum Proll, und wo ist er anzutreffen? Letzteres ist schnell beantwortet: Der Proll ist überall. Ob Bermudas, Malediven oder Kanaren – der Proll ist schon da, vor allem in Bermudas auf den Kanaren. Geld spielt keine Rolle, denn das internationale Prolltum zieht sich quer durch alle Schichten, lediglich der Voll- oder Megaproll ist einigermaßen zuverlässig in den klassischen Reservaten auffindbar (z. B. bei Schlechtwetter nackt mit Pudelmütze im Supermarkt eines Nudisten-Campingplatzes). Charakteristisch ist, daß sich Prolls gegenseitig als Prolls verachten, mit denen sie nichts zu tun haben wollen. Prollfreie Zonen scheinen kaum noch auffindbar, seit die Putzfrau den Schmuck der Chefarztgattin als »irgendwie prollig« analysiert. Kein Wunder, wenn im Urlaub der prollfreie Einkauf immer schwieriger wird.

Immer häufiger anzutreffen ist der Kohleproll. Hat absolut nichts mit Bergbau zu tun, ist aber ganzjährig braun und wird häufig freilaufend in Düsseldorfer und Hamburger Einkaufsgalerien gesichtet (in München entsprechend der Trachtenproll).

Tarnt sich gern als »Makler« oder »Broker«, hat Bömmelchen an den Schuhen und violett getönte Brillengläser im Porsche-Design-Rahmen. Wenn der Kohleproll nicht zur Sektaufnahme in Einkaufsgalerien weilt, läßt er einen Whirlpool über Eck einbauen oder setzt überteuerte Küchen in sein Landhaus. Mallorca erreicht der Kohleproll zwecks Kurzurlaub entweder mit LH ab Frankfurt oder mit LTU ab DUS, ist »schneller und billiger«, dafür nimmt er sogar »die ganzen Prolls in Kauf«.

Wohin also in den Ferien? Vielleicht nach Balkonien? Wirkt zwar irgendwie prollig, dafür hat man seine Ruhe, denn die Ultraprolls aus der Nachbarschaft sind in Südafrika, Australien und der Dominikanischen Republik.

Feng Shui

Neulich war ich mal in Hongkong. Wie der interessierte Beobachter vielleicht weiß, handelt es sich dabei um eine Art Osten, in dem die Landschaften schon blühen. Nun ist in der sympathischen Hafenmetropole eine gewisse Nervosität spürbar, denn am 1. Juli 1997 fällt die britische Kronkolonie zurück an China. Ganz legal, der Pachtvertrag läuft aus, und London hat die Umzugskartons bestellt, bevor Bejing auf Eigenbedarf klagen mußte. Bejing heißt bei uns übrigens Peking, aber die Bejing-Schreibweise läßt den Sinologen ahnen.
In Bejing steht man für die Zeit danach volles Rohr auf Tung Chee-hwa, der in der örtlichen Presse starke Zuneigung spürt, weil er bereits sein Hauptwahlkomplott verwirklicht: »Zwei Jahre keinen Urlaub.« Nicht, weil er es sich nicht leisten könnte – bisher verbrachte Familie Tung (oder Chee-hwa?) die Zeit zwischen den Jahren immer in »kalifornischer Sonne und Sand« – aber jetzt hat man wg. »Handover« noch tierisch viel zu tun.
Beispielsweise Einzug in neue Büroräume (100 TDM Monatsmiete) und die Frage: Welches wird der neue Dienstwagen? Bisher fährt ein Chauffeur Herrn Tung Chee-hwa im privaten BMW durch Hongkong. Der aktuelle und letzte britische Gouverneur von Hongkong, Chris Patten, verfügt übrigens über (Achtung, Rita!) drei Autos. Zwei Mercedesse und einen Rolls Royce. (Ist der Plural von Mercedes korrekt, oder heißt es: zwei Benze?)
Mr. Patten residiert mit Gattin Lavender und Tochter Alice in einem Haus nahe der Bank of China. Beim Gebäude der Bank of China wie auch beim Haus von Familie Patten sprechen Kenner von einem schlechten Feng Shui.
Feng Shui ist ein enorm wichtiger Begriff in Hongkong und bedeutet Wind (Feng) und Wasser (Shui). Wie steht das Haus

in bezug auf Wind und Wasser? (Vergl. hierzu auch Feng Shui des Schürmann-Baus.)
An dieser Stelle wird es notwendig, Herrn Dr. Abel Yeung Ki Yve vorzustellen, Feng-Shui-Experte und Astrologe. Er warnt Herrn Tung Chee-hwa vor einem Umzug ins Haus von Chris Patten (Schlechtes bei Feng Shui), sagt Hongkong aber ansonsten eine Riesenzukunft voraus, auch weil Mr. Tung »das Gesicht eines Führers hat«, denn Dr. Abel Yeung ist auch spezialisiert auf Gesichterlesen.
Tief fundiert und sehr allgemein läßt sich sagen, daß der Deutsche und der Hongkonger sich sehr verbunden fühlen können. Beide haben sich schon mal nach langen Jahren einem fremden System angeschlossen, nur fällt im Falle von Hongkong irgendwie ein riesiges Frankfurt/Main an die DDR. Fünfzig Jahre lang soll Hongkongs Wirtschaftssystem noch garantierten Bestand haben.
Übrigens: Hat mal irgendein Wahrsager das Feng Shui der DDR gecheckt?

The Papal Visit

Kann es für den katholischen Pauschalreisenden etwas Schöneres geben, als gleichzeitig mit dem Papst in New York zu sein? Sicher, es gibt Unterschiede. Der Papst landet in Newark. Nicht etwa, weil von dort das Taxi nach Manhattan billiger ist als von JFK, sondern weil er gleich nach der Ankunft in New Jersey eine Messe feiert. Muß der Hl. Vater eigentlich auch vor der Landung diese komischen grünen Zettel ausfüllen, wo man ankreuzen soll, ob man Tiere einführt, eine ansteckende Krankheit oder früher mal einen Sabotageanschlag auf die USA geplant hat? Tief gerührt beobachte ich vor dem Fernseher, wie John Paul II dem Ehebrecher Bill Clinton die Hand reicht. Toll, wie locker meine Kirche jetzt mit diesen Dingen umgeht! Da genehmige ich mir als lediger Vater doch gleich ein Bud light. Enjoy it!

Übrigens landet mein Kirchenoberhaupt mit nahezu überirdischem Timing einen Tag nach Verkündigung des Urteils gegen O. J. Simpson. Beides gleichzeitig hätte wahrscheinlich sogar die Cleverness des US-Fernsehens überfordert. Vielleicht hätte ich mich auch in meinen religiösen Gefühlen verletzt gefühlt, nur eine »Pope update« innerhalb der O. J.-Berichterstattung zu sehen:

Der Freigesprochene im weißen Bronco auf der Fahrt nach Hause, und The Pope nur in einem kleinen Kreis rechts unten, wie er afro-amerikanischen Schulmädchen die Hand auf die Stirn legt. Der Papst wohnt in der New Yorker Residenz des Vatikans in der 72. Straße East. Davor ist eine Art Käfer-Partyzelt aufgebaut, in dem die Stretchlimo des Heiligen Vaters verschwindet. Vorhänge zu – und tschüs! Ich selbst muß einige Straßen weiter im Hotel Unterkunft finden. Beim Frühstück erhebt sich neben mir ein älteres Ehepaar, das mir irgendwie bekannt vorkommt. Richtig, Richard von Weizsäcker und Gattin! Gehen sie zum Papst? Nein, sie müssen zu 50 Jahre UNO. Das erklärt auch die vielen Schwerhörigen auf den Hotelfluren. Es sind nämlich keine Schwerhörigen, sondern Sicherheitsbeamte, die sich über Knopf im Ohr mitteilen, wo es gerade geknallt hat. Have a safe trip! Ein bißchen schade finde ich, daß der Papst keine Handschuhe trägt. Im Gegensatz zu denen von O. J. hätten seine bestimmt perfekt gepaßt, und schon als Kind hat es mich immer stark beeindruckt, wenn der Bischof über seine eleganten weißen Handschuhe den Ring gestreift hatte.

Am Abend lasse ich dann auf dem Hotelbett eine weitere Büchse Bud light zischen: Der Stellvertreter Christi landet im Kampf gegen das Böse mit seinem Hubschrauber auf dem Wall Street Heliport! War es ein Bud zuviel, oder droht vom Empire State Building auch noch Küng Kong?

Heimwerker Harald

Kommen wir nun zu einem Themengebiet, welches sich in meiner Welt mehr und mehr zu einem Kontinent auszuweiten anschickt:

Die wunderbare Welt der Haushaltsgeräte, der Notdienste, der Terminabsprache mit Handwerkern. Nur die Notwendigkeit der Themenvariierung hindert mich, allwöchentlich einen Beitrag zu diesem Thema abzuliefern, unerschöpflich sind die Geschichten aus diesem Bereich.

Wer je das Geräusch einer aus fünfzig Zentimeter Höhe aufs Parkett plumpsenden Werkzeugkiste vernommen hat, der wird die Frage nicht mehr los: Kann eine pump-gun nicht immer öfter das gesprochene Wort ersetzen?

Staubsaugerhotline

Als echter Katholik steht bei mir der Christbaum bis Maria Lichtmeß am 2. Februar. Die nadelintensive Spanne zwischen 6. Januar, wenn Nicht- und Andersgläubige ihre Bäume neben den Carports stapeln und eben jenem 2. Februar, an welchem früher Knechte und Mägde den Herrn wechselten, erfordert eine wesentlich höhere Staubsaugereinsatzfrequenz als der Rest des Kirchenjahres.

Was nun folgt, ist das Hochschreiben einer profanen Hausfrauentätigkeit auf dem Level, der uns zum Volk der Dichter und Denker werden ließ: Wie ein metallicgrünes Reptil schiebt und schlängelt sich mein BOSCH perfecta 82 unter den Zweigen durch, bald hier gefräßig einen Nadelhaufen mampfend, bald dort mit bösem Brummen erst ein Staubwölkchen, sodann ein vorwitziges Nädelchen im schwarzen Schlund verschwinden zu lassen, welches Rettung unter dem Christbaumständer suchte. Doch, potzblitz – plötzlich ist des Saugens ein Ende!

Wie ich auch mit dem Schlauch über den Boden wedle – frech bleiben Staub und Nadeln liegen und rufen mir zu: »Ei, saug doch soviel Du willst, uns kriegst Du nimmermehr.« Die rote Kontrollampe leuchtet, und sosehr ich auch am doppelwandigen Papierfilter, am antimikrobiell ausgerüsteten Filtercontainer oder an der Filterkassette mit Mikrofeinfilter rüttle – die Lampe leuchtet, und es hat sich ausgesaugt. Schließlich gehe ich eindeutig über meine technischen Verhältnisse und nehme den Anschlußstutzen (1) des Saugschlauches (6) aus der Saugöffnung, wobei ich die Entriegelungstaste (2) drücke. Ich schaue durch den Schlauch wie weiland Columbus kurz vor Indien durch sein Fernrohr, ich puste durch – nichts. Auch die englische, spanische und finnische Gebrauchsanweisung auf Recyclingpapier helfen mir nicht weiter, da fällt mein Blick auf eine Telefonnummer: BOSCH hat eine Staubsaugerhotline, die echte Katholiken nicht in dem Nadelhaufen untergehen läßt! Und plötzlich geht ein Stern auf über dem finsteren deutschen Dienstleistungshimmel. Am anderen Ende der Leitung erklang eine freundliche Frauenstimme mit leicht fränkischem Akzent, die mich aufforderte, das Gerät neben mich zu stellen, und genau ihren Anweisungen zu folgen. Und siehe: Nach einer Minute blies ich noch mal kräftig durch den Schlauch, heraus flog ein Staubklumpen wie aus dem Drehbuch einer deutschen Vorabendsitcom, und dank der freundlichen Dame sauge ich durch bis Ostern!

Preisgekröntes 5m²-Bad

Am Wahlabend fiel mir eine Zeitschrift in die Hände mit meiner Lieblingsrubrik »Ihr Traumbad auf 5 m²«. Ähnlich gern lese ich nur noch Artikel zum Thema »Dachbodenausbau – so gibt's Geld von Vater Staat« oder »Dschungel im Wohnzimmer – so geht's«.

Während die Elefantenrunde von »hauchdünnen Mehrheiten« und »fehlender Euphorie trotz Wiedereinzug« sprach, versuchte ich mir vorzustellen, wie groß 5 m² sind. Hat man in einem 5 m² großen Bad etwa ähnlich wenig Bewegungsfreiheit wie Theodor Waigel im Monitor, zugeschaltet aus München?

5 m²-Bäder in Zeitschriften sehen immer toll aus. Designerwaschbecken, Wasserspülung mit Blickkontakt, Dusche mit Blick auf den mittelalterlichen Stadtkern. Häufig stand ich allerdings schon in Badezimmern, die aussahen wie preisgekrönte 5m²-Bäder, konnte mich aber nur in Schräglage (vergl. Idealhaltung beim Skispringen) rasieren. Maisonettestil. Auch hätte ich einmal beinahe mein Augenlicht eingebüßt, als ich mich etwas zu rasch von der Leichtmetall-Toilette erhob und dabei mit dem Auge knapp am unauffällig integrierten Handtuchhalter vorbeischrammte. Was mich versöhnte, war farbliche und formliche Korrespondenz zwischen Handtuch- und Toilettenpapierhalter. Übrigens konnte man beim Duschen tatsächlich bequem aufrecht stehen, vorausgesetzt man kippte das (staatl. geförderte) Dachfenster.

Duschen mit dem Kopf im Freien – Lebensqualität auf 5 m². Vorbei die Zeiten, in denen man unter einem nicht regulierbaren Boiler kniend in der Wanne duschte und den flötenden Ruf aus der Küche »Vorsicht, das Wasser kommt sehr heiß« im ersten Schmerztaumel nicht mehr wahrnahm. Preisgekrönte Badezimmer erkennt man schon von außen. Sie befinden sich meistens in leicht baufälligen Häusern, die jedoch im Dachgeschoß blaugestrichene Fensterrahmen aufweisen und deren Balkon mit wenigen Handgriffen in eine 0,3 m^2 große Loggia verwandelt wurde. Häufigste Besitzer: Nichteheliche Lebensgemeinschaft aus Grafikerin und freiem Journalisten (gerne auch mit Katze – geh mal runter vom Tisch, Zorro – die wahrscheinlich bald operiert werden muß). Diese Lebensgemeinschaft hat den Badezimmerumbau natürlich so gut wie geschenkt bekommen, weil die beiden »alles zwischen 10e und Denkmalschutz gnadenlos ausgenutzt haben«. Wertvoller Tip: Alte Drehknöpfe statt Mischbatterie am Waschbecken gibt Zuschuß! Gerade lege ich die Zeitung weg, da höre ich den Kanzler in der Elefantenrunde sagen: »Wichtigstes Ziel im neuen Koalitionsprogramm: Der Badezimmerumbau bis zu 5 m^2 wird nur noch gefördert, wenn sich ab sofort auch Menschen über einsfünfzig gefahrlos die Zähne putzen können.« Weiter so!

Kleine Einrichtungspsychologie

Die Ursache vieler psychischer Probleme ist jetzt geklärt: Das Parkett ist falsch verlegt. Wer sich in einem engen Flur die Eichenstäbchen auch noch quer legen läßt, darf sich nicht wundern, wenn er plötzlich eine rätselhafte innere Blockade auf dem Weg von der Küche ins Bad verspürt. Ein frühzeitiges Gespräch mit einem einfühlsamen Parkettleger hätte ihn darüber aufgeklärt, daß querliegende Stäbchen ihm ein Gefühl vermitteln, als müsse er über etwas darüber steigen, obwohl da gar nichts ist. Da nutzt ihm auch die sorgfältige Überlegung wenig, ob Erst- (ohne Äste), Zweit- (mit Ästen, aber schönen) oder Drittsortierung (mit Ästen, auch verkrüppelten) verlegt werden soll. Diese Entscheidung ist zudem davon abhängig, ob der Raum später als Tanzstudio oder Kinderzimmer genutzt werden soll, und welcher Wohnungsbesitzer kann das schon auf Anhieb sagen.

Das psychologisch korrekt verlegte Parkett verläuft immer »zum Licht«, besonders wichtig in Wohnungen, in denen kein Licht ist. Vielleicht, weil die Kühlschranktür falsch angeschlagen ist, was häufig erst nach vielen Jahren bemerkt wird, in denen man zum Butter holen aus der Küche in den Flur mußte. Da helfen auch die schicken Vorhänge nichts, die in besser verdienenden Kreisen immer leicht auf dem Boden aufliegen. Es sind Fälle bekannt, in denen Wohnungen vier Wochen nach Einzug komplett neu gestrichen werden mußten, weil die Gardinen auf der RAL-Liste einen anderen Weißton aufwiesen als die Wände.

So was macht fertig, und man weiß nicht warum.

Wer glaubt, sich dieses Problems durch die Entscheidung für Rollos statt Gardinen entledigen zu können, steht möglicherweise vor der schwersten Krise seines Lebens:

1,5 oder 2,5 cm Lamellenbreite? Der Unterschied wird nämlich erst im leicht gekippten Zustand (der Lamellen) sichtbar, zunächst lautet die Frage: »Zu welcher Tageszeit soll das Zimmer denn überwiegend genutzt werden?« Da atmet man erleichtert durch, wenn wenigstens die neue Waschmaschine mit drei Schleuderstufen 30 % weniger Wasser verbraucht als veraltete (Baujahr '93) Modelle.

Im Bereich der Sitzmöbel gibt es neuerdings übrigens ein erfrischendes Todesurteil, das garantiert vom Kauf abhält: »Dieser Stuhl? Na ja, der steht halt auch bei no sports.«

Putzfrau gesucht

Ein befreundetes Lebensabschnittspartnerpärchen sucht eine Putzfrau. Im Originalton suchen sie »eine Putze, weil sonst die Wohnung noch total versifft«. Obwohl beide politisch hyperkorrekt sind (Paris-Trip verschoben, allerdings weniger wegen Mururoa, sondern mehr wegen Schiß vor Bistrobomben), gestehen sie nach vier Margaritas mit gehacktem Eis (sie ohne Salz), daß sie von einer »taubstummen Filipina« träumen, die »noch dankbar ist und nicht tratscht«.

Schade, daß ihnen mein kürzlich verstorbener Versicherungsmakler nicht mehr helfen kann. Der hatte »eine Polin, die auf die Knie geht«.

Die Diskretion verbietet es auszuplaudern, daß das putzfrauenlose Pärchen auf die Namen Ralph und Claudia hört und in Köln (Aachener Straße) wohnt. Auch tut es nichts zur Sache, daß er beim WDR arbeitet und sie Referendarin bei Gericht ist. Nach längerem Gezänk (»du willst doch unbedingt eine Putze«) bleibt die Sache mit der Annonce an Claudia hängen. Es melden sich zwölf Frauen, die bereit sind, einmal wöchentlich einer »Volljuristin bei der Haushaltsreinigung zu helfen«. Allerdings klang die erste schon am Telefon »total prollig« und fragte gleich, »ob sie auch in die Nischen muß«. Die nächste wollte »auf keinen Fall bügeln und Fenster putzen« und konnte außerdem »nur vormittags«. Sogar eine Filipina war unter den Bewerberinnen, allerdings nicht taubstumm, dafür in Begleitung ihres Ehemannes (deutsch, weiß, arbeitslos). Der wäre im Putzfall mitgekommen. Angeblich um zu helfen, aber für Claudia war klar, daß »der die aus dem Katalog geholt hatte und tierisch eifersüchtig war«.

Zwei Raumpflegeaspirantinnen »kriegten voll hysterische Lachanfälle am Telefon«, als sie den Stundenlohn von fünfzehn Mark angeboten bekamen. Eine sagte: »Da gehe ich lieber weiter Blut spenden.«

Also suchen Ralph und Claudia weiter. Zunächst aber mal keine Putzfrau, sondern einen Kammerjäger. Silberfischchen hinterm Badezimmerspiegel. Hätte eine Putze aber auch nix machen können, sagt Ralph. Hat nämlich nichts mit putzen zu tun, die kriechen irgendwie durch den Müllschacht hoch ins Bad. Auch Biomehl kommt den beiden nicht mehr ins Haus. Alles voller Würmer. Noch eine Margarita?

Mein Rohrbruch

Neulich war ich mal im Urlaub. Da klingelte das Urlaubstelefon, und am anderen Ende höre ich: In deiner Wohnung ist ein Rohrbruch. Ist doch kein Beinbruch (haha!), denke ich, schließlich haben ungefähr 528 Menschen einen Schlüssel zu meiner Wohnung. Geht doch rein und laßt es richten. Ich Laie! In meiner Wohnung ist nämlich nichts zu sehen (großer Vorteil beim Rohrbruch in der eigenen Wohnung), nur beim Rest der Hausgemeinschaft tropft es aus Lüftungen in Wannen und auf Parketts. Eine sehr gute Installationsfirma, die mehrmals wöchentlich bei mir was richtet (Heizkörper, Hähne, Ventile, Schläuche, Therme…) ist sofort zur Stelle. Zunächst muß die kaputte Stelle gefunden werden. Drei Herren mit Kopfhörern und einem supermodernen Gerät gehen durch die Wohnung. Mit dem Gerät kann man hören, wo's tropft. Wegen der vielen Nebengeräusche kann man bei mir leider nicht hören, wo's tropft, aber was in der unteren Wohnung gesprochen wird. Ich will das Gerät kaufen! Plötzlich hören die Herren ganz klar: In der Wand zum Eßzimmer tropft's. Aus Rücksicht wird die Eßzimmerwand von der Küche her aufgeschlagen, dazu wird die Therme schnell abgebaut. Tatsächlich: Die Eßzimmerwand ist feucht, aber das Rohr ist o. k. Bedeutet: Aus der Dusche muß das Wasser unter dem Küchenboden in die Eßzimmerwand laufen (»Ihre Wohnung hat ein leichtes Gefälle!«). Einzelne Kacheln im Bad müssen testweise entfernt werden. Dabei bricht nacktes Entsetzen aus, wie katastrophal schlecht mein Bad gekachelt ist. Man empfiehlt mir: alles neu. (»Wo doch eh schon alles aufgeschlagen ist.«) Nachdem die Duschwanne herausgehoben wurde, lautet das Urteil: Alles trocken! Muß in der Wand dahinter sein. Runter mit den Kacheln, auf mit der Wand, und tatsächlich – da haben wir das Leck!
Kein Wunder, wenn auf Kupfer so gelötet wurde!

Empfehlung durch den Fachmann: Kupferrohre raus, Kunststoffrohre rein. Bitte, gern!
Seit dem Rohrbruch ist eine Woche vergangen, und nach dem Wochenende wird das perfekt gemacht. Bitte beachten Sie auch die folgenden Kapitel: Rigips hält die Kacheln nicht – Veralterte Armaturen – Defekte Ventile in der Therme – und, einen Sonderteil: Welche Versicherungen bei Rohrbruch nicht zuständig sind!

Meine Gasetagenheizung

Dies ist nicht der Ort für Floskeln, aber das war's ja wohl mit dem »Sommer«! An den kühler werdenden Abenden kann es vereinzelt vorkommen, daß menschliche Wärme nicht mehr reicht, und wir »die Heizung aufdrehen«. Das heimelige Ticken, welches mein Ohr in den vergangenen Wintern streichelte, war seit einiger Zeit verstummt, oder fachmännisch formuliert: Die Uhr vom Thermostat ist kaputt. Bereits nach einer Stunde schickte die Installationsfirma meines Vertrauens einen Kollegen, der nach eingehender Inspektion ein Relais brauchte, das vor dem Wochenende leider nicht mehr zu kriegen war. Kein Problem, so kalt ist es ja noch nicht, und außerdem stärke ich mich in diesen Fällen mental mit dem Satz: »In Bosnien haben sie überhaupt keine Heizung.«
Am folgenden Montag klingelte es pünktlich, allerdings kam nicht mein Installateur vom Freitag, sondern der Mitarbeiter eines namhaften deutschen Heizungsherstellers, der sozusagen online mit meiner Heizungsproblematik vernetzt war, und nach einer Stunde Messungen, Probeläufen und Datenvergleichen die Diagnose stellte: »Die Uhr ist o. k., aber sie kriegt keinen Saft. Das macht dann die Installationsfirma.«
Die schickt auch am nächsten Tag zwei mir neue Mitarbeiter, obwohl ich inzwischen fast alle schon bei mir beherbergt habe (siehe das letzte Kapitel »Mein Rohrbruch«). Der Fall ist klar: Das Kabel von der Heizung zur Uhr muß kaputt sein. Dieses Kabel läuft von der Heizung in die Wand, raus aus der Küche, hoch oder runter (genaues könnten nur die sagen, die es 1632 verlegt haben...) in die Decke oder den Fußboden und dann durch die Wand zur Uhr. Auf Wunsch stemmen wir auf: Die Wände, den Fußboden, die Decke. Wird aber 'ne Mordssauerei. In einem kurzen Flash sehe ich zerbombte Häuser, mit offenen Wänden, in denen problemlos alle Kabel dieser Welt zu verlegen sind. Aber ich will nicht

undankbar sein. Durch ein kleines Loch wird ein neues Kabel ins Nebenzimmer verlegt, der Thermostat ist an einer »ganz guten Stelle« verlegt, und vor Wärme ist es kaum auszuhalten. Dieses leichte Pfeifen nach dem Klappern, wenn die Heizung anspringt, geht doch sicher noch weg, oder?

Für Hippokrates

Und nun zu einem meiner absoluten Lieblingsgebiete, zur Medizin, zur Fehldiagnose, zur lebensverlängernden Maßnahme, zur Erhaltung der Lebensqualität bei gleichzeitigem Einsatz von Intensivmedizin, zu geschätzten zwanzigtausend vorzeitig Verblichenen durch Infektionen in unseren Krankenhäusern, zu Hypochondern, Psychopathen und Hirntoten, zu Pankreas, Ösophagus und Rektum, zu Ca und CT, Aspirin und Heroin, kurz – zu allem, was das Leben lebenswert macht.

Sämtliche Texte zu medizinischen Themen zogen eine kleine Flut von Ratschlägen, Korrekturen und Beschimpfungen nach sich.

Und ewig gilt: Alles ist Gift, nur die Dosis macht, daß ein Ding Gift ist.

Aspirin

Tschok! Dieser Begriff scheint mir onomatopoetisch doch wesentlich präziser zu sein als das weitverbreitete »platsch«. Tschok – genau so macht es, wenn eine Aspirin-plus-C-Brausetablette in ein Glas Wasser geworfen wird und sich sprudelnd auflöst.

In Zeiten massiver Kritik an Gesundheitswesen und Schulmedizin ist es überfällig, den Bayer-Konzern zu preisen für sein Aspirin. In wieviel grauen Stunden, in welchen mich des Lebens wilder Kreis umstrickt und Restalkohol mir die Birne zu sprengen drohte, hat das Sprudeln nach dem Tschok bereits eine lindernde Wirkung eingeleitet. Ha!, höre ich da viele rufen. Jetzt schmiert er sich bei Bayer ran, damit die tonnenweise Aspirin gratis rüberwachsen lassen. Falsch! Weder lasse ich mir Aspirin schenken noch rechne ich es bei meiner Krankenkasse ab. Frei und kess betrete ich eine Apotheke meiner Wahl, und frisch schallt es dem Pharmazeuten von meinen Lippen entgegen: »Einmal Aspirin plus C, die Vierzigerpackung bitte.« Gegen Kopf-, Zahn-, Regelschmerzen, bei Fieber und Erkältungskrankheiten. Zur Vorbeugung gegen Herzkasper und Schlaganfall. Tschok – schon pulsiert verdünntes Blut darmkrebsverhütend durch verengte Adern hirnwärts. Ständig versuchen wirtschaftsstandortgefährdende Billigheimer mir no-name-Produkte, die ebenfalls den Wirkstoff Acetylsalicylsäure enthalten, anzudrehen. Hinweg mit euch! Soll ich vielleicht beim Frühstück in der Nobelherberge dem Kellner verstohlen zuflüstern: »Hätten Sie vielleicht eine von diesen Tabletten, die auf demselben Wirkstoff wie Aspirin basieren, aber deutlich billiger sind, was ja ganz o. k. ist, seit das Patent für Aspirin abgelaufen ist?« Niemals. Elegant und flüssig heißt es: »Ein Glas Champagner bitte und ein Aspirin.« Tschok! Aspirin kann man ohne Bedenken unter kritischen Nachbartischaugen einnehmen. Es zeugt von

Markenbewußtsein, man gilt nicht direkt als Tablettensüchtiger, ist aber doch gestreßt genug, um sich dem neuen Tag nicht völlig ohne Pharmazeutikum darzubieten. Natürlich weiß man, daß durch regelmäßiges Aspirin-tschokken leichte Magen-Darm-Blutungen auftreten können, aber macht nicht auch Handy Hirntumor? Außerdem haben wir kürzlich gelesen: Rotwein schützt vor Krebs! Der Wunderstoff Resveratrol, enthalten in der Schale von Weintrauben, in Erdnüssen, und den Wurzeln des Chinarindenbaums, hemmt Entstehung und Wachstum von Tumoren und senkt den Cholesterinspiegel! Wir merken uns ab sofort für die Bar: »Herr Ober, bitte einen schönen Beaujolais, Erdnüßchen, Lilien auf dem Tisch, und rücken Sie noch den Chinarindenbaum näher an den Barhocker. Und ein Aspirin. Tschok!«

Blaue Karte nach HPGO 3

Zu den segensreichen Einrichtungen der modernen Hotelzivilisation gehört der Zimmerservice. Wer ist nicht glücklich, wenn er sich gegen einen geringfügigen Aufschlag von zwanzig Prozent zu später Stunde noch eine Tomatensuppe mit Ginsahnehäubchen oder Carpaccio vom Lachs im Dialog mit Crème fraîche aufs Zimmer kommen lassen kann?
Schon leicht ermattet griffen wir kürzlich in einem führenden Haus in Trier nach der Karte, um festzustellen, daß wir nicht das Menue vor Augen hatten, sondern das neueste Angebot seit dem 1. November '94: Im 2. UG ist eine Naturheilpraxis. Die Heilpraktikerin verfügt sogar über die Slane Karte nach HPGO 3 für Ozontherapie. Interessiert weiten sich unsere Kleinkünstlerpupillen. »Kleine Eigenblutwäsche« schon für DM 80.–. Klingt verlockend, Eigenblutwäsche zum Preis von zehn Gulaschsuppen. Leider ist unsereins fast sklavisch der Schulmedizin verfallen, und wir können mit den meisten Begriffen nichts anfangen. Was bitte ist eine »Beutelbegasung«? Wird einem für achtzig Mark der Beutel begast, oder wird man mit Hilfe eines Beutels begast? Recht verlockend klingt die Schröpfkopfmassage für DM 30.–. Sicher könnte uns die Heilpraktikerin erklären, wie der Schröpfkopf massiert wird, aber wir haben mit dem letzten Pils an der Hotelbar schon das obligate Aspirin eingeworfen, und irgendwie klingt Schröpfkopfmassage, als ob einem die schon leicht dröhnende Pilsbombe platzt. Fast so teuer wie eine Flasche Möt oder Witwe Klicko ist eine »Ohrkerzenbehandlung und Massage« (120.–). Eine prickelnde Vorstellung: Ich stecke mir Kerzen in die Ohren und lasse mich massieren! Klingt nach einem Thema für Schreinemakers.
Wer war übrigens Hunecke? Zumindest war er solide im Preis, denn die Neuraltherapie nach Hunecke gibt's schon für ganze vierzig Mark. Leicht ermattet gleitet uns die Liste aus

den Händen, und wir holen ein Pils aus der Minibar. Die Fernbedienung führt uns traumwandlerisch sicher ins Angebot der »Adults only«-Filme (18 Mark von 12–12!). Keine Beutelbegasung, keine Ohrkerzenmassage, aber eine Hausfrau im Slip, die schon stöhnt, als sie zwei muskulösen Handwerkern die Haustür öffnet. Es lebe das Naturheilverfahren!

Burn out

Immer häufiger verlassen Leistungsträger in den Jahren, die gemeinhin als die besten gelten, wichtige Meetings mit den Füßen nach vorn.
Dabei ist es nicht nur der gemeine Herzkasper, der unsere Elite mit kalten Schweißperlen auf der Stirn in sich zusammensacken läßt, vielmehr greift das Burn-out-Syndrom immer kälter an die Kranzgefäße, besonders in der Endstufe.
Wie kann man dem entgegenwirken? Nehmen wir den Musterfall eines Menschen mit gesundem, ausgeglichenem Lebenswandel – nehmen wir mich. Wenn es um sechs Uhr morgens klingelt, steh' ich bereits vor der ersten Entscheidung: War das mein Wecker (voice control), das Telefon, das Handy, das Fax oder die Haustür? Und falls es das Handy war – welches? Das mit der Geheimnummer (kennen nur etwa 10 Personen), oder das mit der Mega-Geheimnummer (kennen nur genau 4 Personen). Es war mein Wecker, schließlich bin ich ja nicht taub. Im Gegensatz zu meinen Armen, neuerdings auch immer häufiger mein linkes Bein. Besonders mein linker Arm ist morgens taub wie Beethoven. Als ich mich mit diesen erschreckenden Warnzeichen einer befreundeten Arztgattin anvertraute, erntete ich ein teilnahmsloses »Vielleicht bist Du kurz vorher mit dem Kopf draufgelegen.«
In letzter Zeit gesellt sich zum Taubheitsgefühl in meinem linken Arm immer häufiger ein Stechen in der Brust, begleitet von Herzrasen mit leichtem Stolpern, vor allem, wenn ich in Blättern, welche nicht dem investigativen Journalismus zugerechnet werden, Artikel wie »Die 10 Warnzeichen des Herzinfarktes« lese. Früher, als ich der festen Meinung war, unheilbar an Krebs erkrankt zu sein, habe ich die Herzinfarktartikel überblättert. Aber seit ich diverse 5-Jahres-Fristen mehrfach überlebt habe, dämmert mir, wie sträflich vernachlässigend ich bisher mit dem Herz-Kreislauf-Komplex

umgegangen bin. Und das bei der Todesursache Nr. 1, trotz Krebs und AIDS. Seither läßt mich in Restaurants die Anwesenheit von mehr als 1,3 Gästen in Panik verfallen, und immer häufiger renne ich während der Vorspeise an die frische Luft, um nicht über dem Carpaccio zusammenzubrechen.
Sowas irritiert die Kellner, und mein hingenuscheltes »ich glaub', ich habe das Licht brennen lassen«, wirkt irgendwie nicht überzeugend.
Dabei versuche ich ständig, mich mittels konzentrierter Atemübungen ruhig zu halten. Wenn ich bei einer Ampel, die auf Grün springt, nicht gleich losfahre, und hinter mir hupt einer, steige ich nicht etwa aus und knalle seinen Kopf zwanzigmal gegen die Windschutzscheibe (vergl. Robert de Niro in »Good Fellows«), sondern hebe entschuldigend beide Hände. Sowas strotzt doch vor Normalität, oder?
Deshalb habe ich Konzentrationskeinerlei überhaupt Schwierigkeiten, meine Batterie ist immer voll aufgetankt.
Hat es eigentlich etwas zu bedeuten, wenn man immer häufiger einen Geschmack auf der Zunge hat, als hätte man an einer Batterie geleckt?

Nase dicht

Aus Hans Werner Henzes Biographie »Reiselieder mit böhmischen Quinten« erfahre ich, daß der Komponist wiederholt an einer Sinusitis laborierte. Einmal wurde ihm während einer Behandlung sogar das Trommelfell durchstochen, worauf er gar nichts mehr hörte. Vorübergehend.
Auch meine Nase ist häufig dicht, weshalb des Schniefens kein Ende ist und ich fürchten muß, für einen geläuterten Liedermacher oder für ein Mitglied der Chefredaktion einer großen deutschen Boulevardzeitung gehalten zu werden, allein der Symptome wegen.
Ein im vergangenen »Sommer« von mir konsultierter HNO-Arzt ritzte mir bei der Schmalzentfernung den Gehörgang, lapidar kommentiert mit: »Wenn das Fell geritzt wird, bleiben Haare dran.« Das ist die von mir tief verehrte Wild-West-Doktor-Mentalität, die der voreiligen Verabreichung von Penicillin allemal vorzuziehen ist.
Befreundete Arztgattinnen haben mir dringend vom Durchstoßen der Nebenhöhlen abgeraten, ebenso vom Begradigen der Nasenscheidewände. Von beidem ist auch bei Henze nichts zu finden. Statt dessen nehme ich jetzt dreimal täglich 50 Tropfen Sinupret, was über einen längeren Zeitraum hin geradezu sensationell wirken soll. Braucht aber Geduld.
Habe ich schon erwähnt, daß nach dem morgendlichen Erwachen bei mir mal das rechte, mal das linke Nasenloch verstopft ist? Vielleicht bin ich in diesem Staat, der nur von den Tätern spricht, das unschuldige Opfer einer jahrzehntelang unentdeckten Staubmilbenallergie? Hätte dies aber nicht zur Folge, daß ich mein Bettzeug Bedürftigen schenken, alle zwei Minuten Staubsaugen und alle Räume mit Alufolie verkleiden müßte? Wo finde ich eine Selbsthilfegruppe »Nase dicht«? Gibt es so etwas wie die »Bundesvereinigung der Staubmilben-Allergiker e. V.«, wo nicht nur der Jahresbeitrag

steuerlich absetzbar ist, sondern auch lange Listen mit den richtigen Materialien für Fußbodenbeläge und Kopfkissenfüllungen zu erhalten sind? Während eines akuten Niesanfalls höre ich plötzlich Töne, die den Anfang zu Hans Werner Henzes abendfüllender Funkoper »Die Staubmilbe« bilden können. Ist der Musikwelt derartiges bekannt?

Nase dicht, II

Hatschi. Wer hätte das gedacht? Im letzten Kapitel schilderte ich in Selbstdiagnose meine verstopfte Nase. Mehr als ein Dutzend HNO-Ärzte vom Homöopathen bis zum Uni-Professor schickten mir daraufhin Briefe mit Therapievorschlägen. Herzlichen Dank, individuelle Schreiben folgen noch. Doch wer hätte gedacht, welche Palette die Erben des Medicus zur Therapie vorschlagen würden? Ein HNO-Professor empfahl mir ein cortisonhaltiges Präparat, da er jedoch die deutsche Panik bei Cortison kennt, schickte er die Entwarnung gleich mit: Wird durch die Nasenschleimhaut abgebaut. Hab's mir besorgt, wird bei nächster Gelegenheit eingepfiffen!

Sodann erreichte mich Nachricht von zwei Dr. med. aus Tegernsee, die mir eine Lasertherapie zur Verkleinerung der Nasenmuschel vorschlugen. Klingt hip, klingt cool, soll nur schmerzfreie 5 Minuten dauern, leider komme ich aber in nächster Zeit nicht an den Tegernsee. Schlimme Prügel bezog ich jedoch von einem pensionierten passionierten HNO-Arzt aus München, der mir in fast jedem Satz gravierende medizinische Fehler nachwies. Dabei habe ich nur die Auskünfte von Ärzten weitergegeben. Ehrlich! Deshalb hat mich diese Kritik ins Mark getroffen, da ich den Medizinern hörig bin und das Cortison gewissermaßen mit dem Laserstrahl einpfeife. Besonders abfällig äußerte sich der Münchner Doktor über »Arztgattinnen«. Er schreibt sie in Anführungszeichen, als wären es »Spielerfrauen«. Dabei hat mir eine Arztgattin mal empfohlen, »geh doch öfter mal an die frische Luft«, als ich mir einen Bypass wegen Kribbelns im Arm legen lassen wollte. Sie hatte recht! Ich erspare mir den Hinweis, daß der Brief aus München medizinisch zwar einwandfrei, orthographisch jedoch an mindestens zwei Stellen fehlerhaft ist. Nichtsdestotrotz werde ich auch weiterhin unerschrocken medizinische Aufklärung leisten. Demnächst: »Wie mir ein Proktologe das Zahnfleisch beschädigte« sowie »Wie mein gebrochener Arm im Gips des Augsburger Zentralklinikums abrutschte«.

P. S.: Meine Nase ist wieder frei!

Nicht-mehr-Raucher und Vegetarier

»Zigarette? – Nein, danke!« Diese klare Ablehnung können wir nur von einem Nichtraucher erwarten, der Nicht-mehr-Raucher ergänzt sie um die Bemerkung »nicht mehr«.

Ich rauche nicht mehr – dieser Satz signalisiert Charakter und Willensstärke, da hat es einer geschafft! Nikotinpflaster, Akupunktur, Meditation – nichts wurde unversucht gelassen, um der Abhängigkeit zu entkommen. Hat der eine sich von zwei Schachteln täglich »runtergeschraubt« auf null, so hat es der andere sogar nach der moralisch wertvollsten Methode gepackt: »Von jetzt auf nachher«. Ehrlich? Doch, ganz bestimmt. Von jetzt auf nachher, obwohl es medizinisch nicht mal nötig gewesen wäre, bei »Pulswerten und einer Lunge wie ein Ruderer«.

Übrigens greift der Nicht-mehr-Raucher gern mal zur Zigarette, begleitet von der Bemerkung: »Eigentlich rauche ich nicht mehr.« Er kann es sich leisten, »hin und wieder mal eine zu rauchen«, weil er jederzeit wieder aufhören kann. Vor allem die ganz schlimmen Zigaretten – vor dem Frühstück, an der roten Ampel, nachts beim Aufwachen – die ist er hundertprozentig los. Die Umgebung des Nicht-mehr-Rauchers sollte immer genügend Zigaretten parat halten, denn er selbst kauft natürlich keine mehr. Humorvolle Schnorrer arbeiten beim Griff in die fremde Schachtel gern mit Standardwitz Nr. 26: »Kann ich mal 'ne Zigarette haben, meine sind noch im Automaten?« Der Nicht-mehr-Raucher läßt keine Gelegenheit aus, seinem Umfeld mitzuteilen, wie stark seine Lebensqualität gestiegen ist, seit er nicht mehr raucht. Dieser kalte Mief morgens in der Bude, das Gehuste, nachts nochmal zum Kiosk rennen – alles vorbei.

Ähnlich angenehme Zeitgenossen sind übrigens Vegetarier. Und zwar nicht die ganz Konsequenten, sondern jene, welche zwischendurch »schon mal Bock auf Currywurst haben«. Wird in geselliger Runde opulent geordert, hören wir von der Vegetarierin (meistens weiblich): »Nur einen Salat, bitte.« Sollten sie nun irritierte Blicke treffen, folgt ein erhabenes »ich bin Vegetarierin« im Sinne von »ich werfe keine Atombomben ab« oder »ich war nicht schuld an Vietnam«. Wenn dann der Salat kommt, bemerken wir ein irritiertes Stochern und Puhlen mit der Gabel – Speckwürfel! Die größte Gemeinheit, die einer Vegetarierin zugefügt werden kann. Nachdem die Speckwürfel an den Tellerrand aussortiert wurden, schiebt sie nach wenigen Bissen den ganzen Teller von sich, denn das Dressing schmeckt »irgendwie nach Fleisch«. Muß speziell erwähnt werden, daß die sich fleischlos Ernährenden häufig aussehen wie gekotzt? Vor allem, wenn sie die sinnloseste aller Fragen stellen: »Ist in der Gulaschsuppe viel Fleisch?« Welche Restaurantgulaschsuppe enthält überhaupt Fleisch? Wir ertragen Vegetarier, wir ertragen Nicht-mehr-Raucher. Doch merke: »Auf nicht-mehrrauchende Vegetarier darf geschossen werden!«

Ecce Homo

Für dieses Kapitel wurde eine betont gebildete Überschrift gewählt, nicht nur, um den Humanisten unter den LeserInnen ein zustimmendes, wissendes Nicken zu ermöglichen, sondern hauptsächlich als verbaler Kontrast zu den teilweise nur mühsam als Satire getarnten Haßausbrüchen gegen alles, was einem so auf den Sack geht. Auch hier mußte eine Auswahl erfolgen, auch hier konnte leider kein wöchentlicher Beitrag erscheinen, aber Fortsetzungen sind garantiert.

Schokoküsse

Ist es ein Zufall, daß der Weltfrauentag uns das erste perfekte Frühlingswochenende dieses Jahres bescherte? Ich glaube nicht. Eine rote Ampel will es, daß auch ich im hektischen Treiben unserer Zeit ein paar Gänge zurückschalte. Zeit, innezuhalten, den jungen Müttern mit ihren Buggies nachzuschauen, während ich leise ein Lied des leider viel zu früh erschossenen John Lennon summe: »Woman is the Nigger of the world«.

Der sympathische Pilzkopf hat dieses Lied natürlich kritisch gemeint, es sollte uns zum Nachdenken anregen, das ist ihm auch durch die Entschiedenheit in der Behauptung besser gelungen, als wenn z. B. Roland Kaiser verneinend gesungen hätte »Frauen sind keine Nigger«.

Während ich aus dem Wagen steige und zum Kiosk schlendere, denke ich noch schnell in der Ausführlichkeit einer mittleren Doktorarbeit über die Bedeutung des Begriffes »Nigger« bei Mark Twain nach und daß dieses Wort bei uns zu Recht verboten ist.

Dann kaufe ich zwei Schokoküsse (unvorstellbar, daß diese klebrigen Leckereien in meiner Kindheit, nur knapp zwanzig Jahre nach dem Ende des schwärzesten Kapitels unserer Geschichte, leichtfertig »Mohrenköpfe« oder »Negerküsse« genannt wurden).

Auch die politisch korrekte Übersetzung »Afroamerikanischer Schleimhautkontakt« hätte irgendwie etwas Diskriminierendes, und ein Land, dessen männliche Einzeltouristen in Dom Rep das schwarze Personal schon mal mit »Eh, Kohlekasten, bring mir mal n'Bier« zur Bar schicken, ist mit Schokokuß ganz gut bedient. Beschwingt von so viel analytischem Einfühlungsvermögen erstehe ich eine »Welt am Sonntag«. Was muß ich da lesen: »Triebleben – im Neger wird da drinnen fortwährend gekocht.« Unter dieser Überschrift wird die

Diskussion wg. Rassismus von Rudolf Steiner fortgesetzt, dem Waldorf-Astoria unter den Schulgründern. Nun steht es keinem weniger zu als meiner Person, Kritik am Urvater der Anthroposophen zu üben. Habe ich doch selbst dereinst auf dem Schulhof eine junge Maid verspottet, welche durch Gewand und Haartracht ihre Nähe zu Steiners Gedankengut zum Ausdruck brachte (»Cordula, die Waldischlunze«). Während ich mir den zweiten Schokokuß mit fast uneuropäischer animalischer Gier reinstopfe, lese ich das Steiner-Zitat: »Der Neger hat also ein starkes Triebleben.« Sollte diese hochwissenschaftliche These auch in ihrer Umkehrung gelten, dann wären die Fernsehunterhaltungsschaffenden ein Stück Afrika mitten in Deutschland.
Rot wie ein Forscher im Kochtopf versinkt die Frühlingssonne am Ende der ersten Woche im »Europäischen Jahr gegen den Rassismus«, als ich den Biergarten betrete. Unter den spielenden Kindern ist ein schwarzer Junge. Als der deutsche Kellner mein Bier bringt, höre ich die nette Omi am Nebentisch sagen: »Als Kinder sind sie ja süß.«

Das Balkonkonzert

Endlich ist der Sommer da! Nein, ich scheue mich nicht, meinen heutigen Besinnungsaufsatz mit dieser Floskel zu beginnen – im Gegenteil: Ich wiederhole sie noch einmal: Endlich ist der Sommer da!

Wunderbar, wenn es da die Nachbarschaft des Abends auf den Balkon zieht und man sanfte Gitarrenklänge von jener Seite des Häuserquadrats hört, auf der die Quadratmeterpreise schon wieder sinken. Der Musikus greift in die Saiten, ohne jemals seinen Amateurstatus zu gefährden. Im Schwäbischen nennt man diese Methode: »I pack's am Hals und zupf's am Loch.«

An jenem Abend hörten wir die Klassiker der Wandergitarre in dieser Reihenfolge:

1. We shall overcome
2. Blowin' in the wind (für Hugh Grant?)
3. This land is your land, this land is my land
4. Lady in Black
5. I am sailing
6. Knocking on heaven's door
7. Yesterday
8. House of the rising sun

Dabei brachte der Nachbarbalkongitarrist das Kunststück fertig, alle Stücke im selben Rhythmus und mit derselben Schlagtechnik zu spielen. Ähnlich grausames Tun war mir nur aus dem Katholischen Gemeindehaus in Nürtingen in Erinnerung, wo gerne »Satisfaction« nach Noten gespielt wurde.

Können wir uns die Balkonparty zum Sound vorstellen? Vermutlich steht auf dem Tischchen eine Schüssel mit Rest vom griechischen Bauernsalat, über den die begleitende Sängerin, die von jedem Lied nur die Hälfte der ersten Textzeile kennt, hin und wieder lethargisch mit der Hand wedelt, um die Fliegen zu vertreiben. Nach dem ersten Set des Balkongigs steigt der Gitarrist von Orvieto um auf Bier. Da alle Gläser schmutzig sind, trinkt er es aus einer Art Pokal, aus dem morgens auch das Müsli gelöffelt wird. Als Aschenbecher dient ein geklauter Gitanes-Aschenbecher, zwei Blumenkübel mit vertrockneten Tomatenstauden sowie die Markise des Untermieters.

Kerzen in Einmachgläsern illuminieren das Geschehene – kurz: Hier herrscht mentales Lagerfeuer! Kennt die Meteorologie eigentlich auch Wolkenbrüche mit Hagel und Gewitter, auf einen einzigen Balkon beschränkt? Kennt die Medizin Gichtanfälle in allen Fingern, sobald jemand nach 18 Uhr auf einem Balkon zur Gitarre greift? Ist Mord immer strafbar? Hilfe!

Mein Kurzzeitnachbar

Er setzte sich im Wartesaal des Flughafens neben mich und legte sein »Gleich-spreche-ich-Dich-an-Gesicht« auf.

Wenn ich nur ungefähr in seine Richtung schaute, ging eine leichte Spannung durch seinen Oberkörper, und seine Augen leuchteten. Er trug schwarze, ausgetretene Slipper, deren Sohlenränder auf Höhe der Fußballen gebrochen waren. Dazu eine dunkelgrüne Hose, blaue, ziemlich filzige Socken, ein fliederfarbenes Zweireiher-Sakko und ein gelbes Hemd aus gewaschener Seide. Beide Kragenspitzen waren nach oben gebogen, denn der Knopf am Hals platzte fast weg.

Die Grundfarbe der Krawatte läßt sich nicht beschreiben, denn die Krawatte war knallig gemustert. Extrem knallig.

Hab ich schon erwähnt, daß mein Nachbar-auf-Zeit einen straßenköterfarbenen Schnäuzer trug?

Sein bleiches Gesicht wurde von den Schläfen zum Kinn hin breiter, die Wulst zwischen Kinn und Hals war gesprenkelt mit kleinen Blutkrusten, wie sie entstehen, wenn man sich zu hastig, mit zu alter Klinge gegen den Strich rasiert. Mein Kurzzeitnachbar trug das Haar stufig geschnitten, wobei die Nackenhaare fransig über dem Kragen hingen und das Haupthaar dünn zu Berge stand. Im kleinen, fleischigen rechten Ohr (Läppchen angewachsen) hing ein Ring.

Auch an diesem Septembermorgen bestätigte sich die Hausfrauenweisheit, daß der Schweiß aus Seidenhemden nicht ausgewaschen, sondern nur immer tiefer reingebügelt wird.

Als das Aufmerksamkeitshüsteln und Beachte-mich-mal-Schniefen nebenan immer bedrohlicher wurde, bestätigte ich das hammermäßige 4:0 von Stuttgart gegen Köln und gab meinem Nachbarn Autogramme für seine Kinder Kevin und Kimberly, damit er nicht mit leeren Händen nach Pforzheim kommt.

Herr N.

In einem Stuttgarter Hotel setzt sich Herr N. unaufgefordert zu mir an den Frühstückstisch. Die Diskretion verbietet es mir, an dieser Stelle auszuplaudern, daß Herr N. sich vorstellt »wie Kneipp ohne K«.

Durch Körpergröße und fehlende Haarpracht erinnert Herr N. spontan an einen Deo-Roller. Herr N. »dreht« verschiedene Dinge. Er bringt Ärzte an einen Tisch, besorgt Investoren, und zwar in der Größenordnung »30, 80 und 300 Mio«. Herr N. spricht auch die Abkürzung. Er sagt nicht Millionen, sondern Mio. Finanztechnisch hat Herr N. »hochkarätige Jungs« an der Hand, die für ihn gerade alles checken. Sollte sich bestätigen, was Herr N. über die Finanzwelt vermutet, wäre sein Weltbild völlig verrückt. Dies zeigt er mir auch gestisch. Er wirkt sehr stolz bei dieser Geste, die das Wort verrückt analysiert bis auf die Wurzeln. Tough guy. Dieser Anglizismus ist erlaubt, denn Herr N. empfindet mich im Fernsehen als fun. Dann holt Herr N. einen Prospekt seiner Firma aus seinem Wagen. Beim Anblick der Farben in diesem Prospekt hätte sich van Gogh mindestens das zweite Ohr abgerissen, wahrscheinlich wäre er auch noch erblindet.

Wenn man die im Prospekt fotografierten Menschen nach deren Äußerem beurteilt, so wurde auf das Engagement von Models verzichtet.

Ein eng mit Herrn N. befreundeter Italiener plant übrigens die Eröffnung einer Piano-Bar. Gerade wollte ich fragen, ob ich dort auch einen gebrauchten Ferrari kaufen kann, da wird mir ein geplantes »Car-In« in Ludwigsburg geschildert. Wenn ich mit dem richtigen Ohr weggehört habe, soll man dort mit seinem Wagen an Bistro-Tische ranfahren und einen Prosecco kriegen.

Als Herr N. sagt, daß man schließlich auch »gesehen werden

will«, zieht er mit seinen Zeigefingern die unteren Augenlider nach unten. Ich beschließe, diese Geste zu übernehmen. Als wir uns verabschieden, sage ich Herrn N., daß ich mich freue, wenn wir uns in Köln mal zusammenfunken.

Im Sanyassi-Taxi

Als leidenschaftlicher Taxifahrgast stehe ich fast bei jeder Fahrt unter schier unerträglicher Spannung: Zu welchem Fahrertyp werde ich einsteigen? Ausländischer Student kurz vor der Doktorarbeit? Blondierte Endfünfzigerin mit dem Schmuck einer halben Drogerieboutique an Hals und Füßen? Haßbolzen kurz vor dem Rentenalter mit Stretchhose und Kaffeebecher auf der Mittelkonsole?
Höhepunkt dieser Typologie war bisher ein Endfünfziger mit Ernte-23-Stimme, weißer Strickjacke und lilagetönten Gläsern in der Pilotenbrille, der häufig im Auftrag einer Krankenkasse Senioren aus dem Heim zum Arzt fuhr und mir erzählte, einmal sei er beim Abholen Zeuge der geschlechtlichen Vereinigung einer achtzigjährigen Altersheimbewohnerin mit einem jungen türkischen Malergesellen gewesen, der in ihrem Zimmer die Fenster neu gestrichen hätte. Er schilderte diesen Vorgang in etwas anderen Worten, aber ich will ja, daß der Text gedruckt wird.
Ein anderer Fahrer (nach oben gezwirbelter Schnäuzer) schilderte mir das Ende seiner Ehe innerhalb einer Minute nach dem Einsteigen mit dem Satz: »Ich hab mir den Mund abgeputzt und bin gegangen.«
Manche Fahrgäste lassen ja den Taxifahrer sofort anhalten, wenn er sich ausländerfeindlich oder rassistisch äußert. Ich dagegen weiß, daß solcherlei sinnlos ist, und heize den haßerfüllten Droschkenkutscher durch zustimmendes Brummen (mmh, mmh) und Nicken weiter hoch. Im Glücksfall läuft uns noch an einer Ampel eine Frau über den Weg, die sich über eine Vergewaltigung nicht zu wundern braucht, wenn »der Mini so kurz ist, daß der Faden noch raushängt«. 20 Mark, Quittung, stimmt so.
Kürzlich erlebte ich eine neue Variante. Der junge Fahrer hatte eine Frisur wie eine weibliche Halbtagskraft bei Rewe:

Das strohblonde Deckhaar endete auf halber Höhe, die kurzen Haare drunter waren dunkler. »Seit ich Sanyassi bin, komm' ich in Deutschland kaum noch zurecht«, hörte ich an der ersten Kreuzung. Überraschenderweise sähen die Italiener alles spielerischer. Ganz schlimm wäre es für den Sanyassi-Taxler, wenn er in sich reinginge. Dann spürt er nämlich, daß die anderen so boff und zack sind. Eben zu. Auch er habe jahrelang tierische Schwierigkeiten gehabt, Schmerzen an sich ranzulassen. Aber jetzt sei wieder Energie da, weshalb er auch bald eine Platte mache. Früher sei ja auch Fernsehen der totale Kult gewesen.
Kurz vor Fahrtende verneine ich die Frage, ob Hans Rosenthal während seiner Sendungen bekifft gewesen sei. 20 Mark, Quittung, dann noch viel Spaß in Italien!

Fasse Dich kurz!

Überraschend ist Ende März der Winter zurückgekehrt, als ich auf das Kartentelefonhäuschen zustürze. Der Schneeregen peitscht, und schon aus der Entfernung sehe ich: Die Zelle ist besetzt. Vielleicht habe ich Glück, und der Telefonierer kennt noch die alte Parole »Fasse Dich kurz«.

Um gleich mal die Spannung rauszunehmen: Er kennt sie nicht. Er hat mir den Rücken zugewandt, von Zeit zu Zeit nickt er bestätigend. Toll, hier steht ein Mensch, der noch zuhören kann. Scharping?

Ich klappe nicht nur den Kragen hoch, sondern ziehe den Mantel halb über den Kopf. Unser Klima spinnt wirklich. Die Malediven saufen ab, und Deutschland friert. Malediven ist ein glänzendes Stichwort, denn in mir keimt der Verdacht, daß der Zelleninsasse mit den Malediven telefoniert. Plötzlich entdecke ich etwas Schreckliches: Die Gebührenanzeige schreibt den für Wartende tödlichen Begriff: Anruf! Es handelt sich um eine Telefonzelle, in der man sich anrufen lassen kann! Das kann dauern. Ich reiße also die Zellentür auf und checke kurz die möglichen Kontakte des Telefonierers zur Boulevardpresse. Je nachdem hört er von mir ein »Entschuldigung, dauert es noch lang?« oder »Verpiß Dich mal so langsam«. Da wendet sich mir ein Gesicht zu, das ich ganz spontan dem türkischen Kulturraum zuordne. Es liegt nicht nur am Schneetreiben, daß ich nicht auf Anhieb sagen kann, ob es sich um einen Türken oder einen Kurden handelt. Ich kann überhaupt keine türkischen und kurdischen Mitbürger unterscheiden. In wenigen Sekunden schießt mir die komplette deutsche Geschichte durch den Kopf, vor allem die »dunkelsten Kapitel«. Nein, ich bin kein Faschist, der einen (politisch Verfolgten?) ausländischen Mitbürger daran hindert, sich geschlagene 20 Minuten in einer Telefonzelle anrufen zu lassen. Im Glas der Zellentür sehe ich, wie sich mein Antlitz langsam

Reinhold Messner-mäßig verändert. Eiszapfen hängen von den Augenbrauen, meine Nase erinnert mich an das unentdeckte Schubert-Lied »Gefrorner Rotz«.
Während ich beobachte, wie sich mein türkischer Freund fast orientalisch heiter am Telefonhörer krümmt, bildet sich in meinem Kopf die Assoziationskette Zelle – Zellteilung – Zellulitis – erhängt in seiner Zelle aufgefunden. Auch war mir ein altes türkisches Sprichwort unbekannt, welches da lautet: »Wenn Du in einer öffentlichen Telefonzelle angerufen wirst, sollst Du Dir alle vier Minuten eine neue Zigarette anzünden, oder Dein Weinberg wird sieben Jahre keine Oliven tragen.«
Als der Anwärter auf die doppelte Staatsbürgerschaft ungefähr einen Monat später aufhängt, halte ich ihm die Tür auf. »Hat bißchen dauert«, lächelt er. Macht doch nichts – wir alle sind Ausländer, überall!

Deutsche in der Kälte

Kaum etwas bietet mehr Gelegenheit zur Darstellung von Individualität als die kalte Jahreszeit. Wie frösteln Deutsche? Zu meinem Lieblingstyp gehört die fröstelnde Halbintellektuelle. Meistens zweite Hälfte dreißig, weichen Stoffhut tief in die Stirn gezogen, weiten Wollmantel (»da wohn' ich richtig drin«) und mehrfach um den Hals gewickelter Schal – Alternative: erste Schalhälfte um den Hals, zweite Hälfte als Kopftuch. Natürlich alles schwarz. Dazu schwarze Samtschnürschuhe mit kleinem Fellrand. Eine Lage des Schals ist rollkragenartig bis unter die Nase gezogen. Der fast immer bebrillte Blick darüber signalisiert: Die böse Kälte wird als Eingriff in die Privatsphäre empfunden, aber da kuscheln wir uns schon durch, hm? Gleich sind wir zu Hause, dann gibt's ne schöne heiße Zitrone, mit der Katze in die Sofaecke gekrochen und ein langes Telefonat mit der Freundin!
Ein anderer Kältetypus trägt zu enge Jeans, zu kurze Kunstlederjacken, massive Turnschuhe und friert im Fünferpulk an einer roten Ampel gegenüber einem Kaufhaus. Dicht gedrängt tritt man von einem Fuß auf den anderen, mindestens drei der Fünf rauchen, schon die Optik signalisiert: Wir sind vom Spitzensteuersatz unberührt. Man überquert die Straße eng aneinander gedrängt, um menschliche Restwärme bis zum Gebläse der Kaufhaustür zu retten.
Richtig fröhlich werde ich beim Antreffen persönlicher Lieblingsexemplare – Ehepaare im identischen Lodenlook, kleine Frauen mit knöchellangem Pelzmantel und mit oben angesetztem Brillenbügel mit Knick nach unten, sowie Träger von gefütterten Jeansjacken mit blau gefrorener Akne.
Ständig muß man fast akrobatisch Menschen ausweichen, die in Restaurants zurückstürmen mit der Frage: »Ist mein Schal noch da?« oder: »Hat jemand meine Handschuhe abgegeben?«

Wehe aber jenen, die ganz ohne Winterbekleidung vor die Tür treten: Frierst Du nicht? Du wirst Dich erkälten? Zieh Dir doch wenigstens einen Pullover an! Vielen Dank, aber ich hasse Schals, mag keine Handschuhe und hab's lieber kalt, weil ich an einer Schilddrüsenfehlfunktion leide. Hatschi.

P. S.: Ganz toll sind auch Männer über vierzig mit Wollstirnbändchen und lustigen Bommelmützen. Und mit Wollhandschuhen, bei denen jeder Finger eine andere Farbe hat.

Dorfschlampe, Lokalmacho, Supermarktdödel

Zu den Lieblingsbeschäftigungen des empfindsamen Deutschen gehört das Sitzen in Straßencafés (auch bei Temperaturen, die in mediterranen Gefilden als Minusgrade gelten) und die schnelle Beurteilung der vorbeieilenden Menschen.
Ob es sich um Dorfschlampen, Lokalmachos, Banktussis oder Supermarktdödel handelt – der analytische Blick hinter der Sonnenbrille erkennt in Sekundenschnelle.
Klar ist, daß bei dieser Art von Beurteilung den Opfern keine zweite Chance gewährt werden kann. Wer ein weißes oder schwarzes oder überhaupt Gold-Cabrio fährt, weiße Jeans mit Bügelfalte trägt oder die Sakkoärmel hochkrempelt – der wird blitzartig zugeordnet und hat jede Chance auf Rehabilitierung verwirkt.
Gleiches gilt selbstverständlich für die Träger von Jeanshemden mit T-Shirt drunter und Frauen mit Stirnband. Unrettbar sind auch die Herren, die der Tussi ein Rimowa-Beautycase hinterhertragen. Wobei dies leicht zu einem Streit am Tisch führen kann, ob Rimowa überhaupt Beautycases herstellt. Sieht jedenfalls so aus. Passanten, die häufiger vorbeiflanieren, werden gerne mit neuen Namen versehen. »Guck mal, Weizsäcker frißt jetzt Pizza auf der Straße«, heißt es, wenn ein distinguierter, älterer Herr sich den flüssigen Käse von der Margerita aus zehn Zentimeter Entfernung in den Mund tropfen läßt. Darf man übrigens einen Italiener, der seinen Hund im vollbesetzten Eiscafé ungefähr sechzig Mal kläffend nach einem Stöckchen an der ausgestreckten Hand springen läßt »Il Trottolo« nennen? Man muß! Natürlich gibt es auch Namensschöpfungen, die sexistisch sind oder rassistisch oder im Idealfall beides.
Diese lassen sich nur im politisch absolut korrekten Bekanntenkreis anwenden, wo man weiß, daß es nicht so gemeint ist. Genau wie der Witz, bei dem die Pointe heißt: »Dein Bruder

wollte schon das Auto.« Für fast überbordende Heiterkeit sorgt auch die Benennung mit Promi-Namen bei Personen, die genau das Gegenteil verkörpern. »Schau mal, Kate Moss«, wenn ein Schiff vorüberzieht, für das das Erreichen der 92-Kilo-Grenze ein Traum ist. Oder ein leise gehauchtes »Herr Rushdie ist gerade auf die Toilette gegangen«, wenn sich am Nebentisch leicht arabisch wirkende Mitbürger niedergelassen haben.

P. S.: All diese lustigen Spiele funktionieren nur sehr zäh mit Leuten in der Runde, die lebenslang ein soziales Jahr absolvieren.

P. P. S.: Calvin Klein, hast Du schon mal gesehen, wer alles Deine Badeanzüge trägt?

Hundstage

Dieser Sommer ist zu heiß, oder: »It's fuckin' hot«, wie Egidius Braun sagen würde. Schlaflosigkeit, total zerstochen aufwachen, sich-den-ganzen-Tag-wie-gerade-geduscht-fühlen; vielfältig sind die Symptome, die wir minütlich unaufgefordert geschildert bekommen.

In diesen Hundstagen zeigt sich der häßliche Deutsche – nicht politisch oder ideologisch, sondern schlicht körperlich – ungebremst in der Öffentlichkeit. Die amtliche Horrorerscheinung '94 in den Fußgängerzonen ist männlich, trägt Schnäuzer und abgeschnittene Jeans und hat den fetten Oberkörper entblößt. Darf man so aussehen? Kriegt sowas später auch mal Rente?

Ansonsten ist der Deutsche in diesem Sommer locker wie nie zuvor. Im Textilbereich herrscht chronischer Farbzwang, mehrfarbige Bermudashorts und bedruckte T-Shirts sind ein must. Vereinzelt sind noch verkehrtrum aufgesetzte Baseballmützen zu beobachten, allerdings täuscht hier häufig der Eindruck: Die Mütze sitzt richtig, nur der Kopf ist falsch montiert. Aber solang der Träger es nicht merkt...

In Eisdielen und Gartenrestaurants beobachten wir gehäuft lederbraune Kurzhaarmuttis jenseits des Klimakteriums, mit tropfenden Achselhaaren aus Satin-Tops, bei denen der Spaghettiträger durch Zellulitispolster auf der Schulter am Rutschen gehindert wird. Zwei Grappa, bitte. Die geschwollenen Füße dieser Damen sind häufig in goldene Glitzerballerinas gezwängt, bei denen bleiche Wülste leicht über den Rand hängen. Zwei Fernet und einen Eimer, bitte.

Zum Schluß noch eine Warnung: Die supercoole, klassische Ray-Ban-Sonnenbrille (die mit den schwarz-grünen Gläsern), verstärkt erschreckend oft einen eh schon schwachsinnigen Gesichtsausdruck. Was bei Jack Nicholson selbst im Dunkeln cool wirkt, streift auf dem käsigen Pfannkuchengesicht eines deutschen Mittelstädters schnell den Bereich zum Grenzdebilen. Und wer so aussieht, der fährt auch Motorboot auf Binnenseen.

Ich

Sagt die Überschrift nicht alles?

Ich bin heterosexuell

Ja, heute breche ich mein Schweigen. Die Annonce meiner verehrten Kollegen Richard Gere und Cindy Crawford in der London Times hat mir den Mut gegeben, einer breiten Öffentlichkeit Rechenschaft über meine Neigungen, Veranlagungen sowie mein soziales Engagement zu geben.

Richard und Cindy haben es sich zwanzigtausend englische Pfund kosten lassen uns mitzuteilen, sie seien nach wie vor »very married« und außerdem noch heterosexuell und monogam. Ich auch.
Also, nicht verheiratet, aber den Rest. Leider habe ich nicht das Geld, dies der lechzenden Kundschaft in einer ganzseitigen Annonce in einer Tageszeitung zu übermitteln, deshalb bin ich darauf angewiesen, wo die Redaktion meinen Text plaziert. Mein soziales Engagement ist nicht so umfassend wie das von Richard und Cindy, denn die lassen fast nichts aus (AIDS, Leukämie, Tibet, Frieden), doch auch ich habe noch nie dem Verkäufer einer Blindenwerkstatt (Schmierseife, Wäscheklammern, Geschirrtücher) die Tür gewiesen. Ihr, liebe Cindy und lieber Richard, schreibt in Eurer Annonce, »verheiratet zu sein ist schwer genug«. Das ist neu, aber wahrscheinlich kann sich unsereins, der ein unbeschwertes Junggesellendasein führt, nicht vorstellen, wie es ist, wenn Richard müde vom Meditieren aus Tibet heimkommt oder Cindy nach einem harten Tag in verschiedenen Badeanzügen abends merkt, daß der Mann für gewisse Stunden nicht mal die Spülmaschine eingeräumt hat. Gerade, weil Richard und Cindy so normal sind, dürften sie vielen Ehepaaren, die vor ähnlichen Problemen stehen, Mut gemacht haben, sich via Zeitungsannonce zu artikulieren, auch wenn es bisher nur zu Kleinanzeigen im Stil von »Bärchen, es tut mir leid. Dein Stinkerle« gereicht hat. Der Anfang ist ge-

macht, gerade im schwelenden Tarifkonflikt in der Druckindustrie ist jede gekaufte Seite bares Geld, freuen wir uns auf die Annonce von Claudia und David.

Kochen mit Harald

Letzten Sonntag stand ich mal wieder vor der Frage, die jede Hausfrau kennt: Was kochen wir heute? Ein Blick in den Kühlschrank bietet reichhaltig Auswahl. Eine halbe Flasche Wodka und ein angebrochenes Glas Aprikosenmarmelade. Ich hasse Marmelade, aber die hat sich der Besuch neulich zum Frühstück mitgebracht. Läßt sich aus diesen Zutaten etwas Leckeres zaubern? Vielleicht Wodka-Suppe mit Aprikosenmarmeladehäubchen? Oder Aprikosenmarmelade-Gratin in Wodkasud? Wäre vielleicht eher was, falls mal überraschend Besuch aus der ehemaligen DDR kommt.
Also fahren wir erstmal zum Bahnhof, einkaufen. Eine Gurke kann nie falsch sein. Nicht, weil ich besonderen Appetit auf Gurkensalat hätte, aber ich habe eine coole Salatschüssel und ein ultrageiles Salatbesteck geschenkt bekommen, beides möchte ich gerne mal ausprobieren. Außerdem kaufe ich Penne und Tomatenteilchen (von parmalat, das bin ich Nicki Lauda schuldig). Während ich mit dem Einkaufskorb durch den Laden gehe, entscheide ich mich, penne all' arrabiata zu kochen. Arrabiata geht ganz einfach. Man schüttet die Tomaten in eine Pfanne und kocht sie auf großer Hitze so lange, bis man vom Telefonieren wieder in die Küche zurückkommt. Dann klatscht man einen großen Löffel sambal oelek und schmeckt bei Bedarf mit Tabasco ab.
Als ich die penne abschütten will, fällt mir ein, daß ich kein Nudelsieb besitze. Also tropfe ich die penne einzeln mit meiner neuen Spaghettizange ab (gibt's gerade irre günstig bei Tchibo!). Zum Glück habe ich hinter dem Tabascofläschchen noch eine Tüte Parmesan gefunden. Das Verfallsdatum ist seit zwei Wochen abgelaufen, aber das Risiko gehe ich ein. Zum Schluß gebe ich noch Basilikum aus dem Ostmann-Nachfülldöschen über die Nudeln. Allerdings habe ich noch nie Nachfüllbasilikum für das nachfüllbare Ostmann-Dös-

chen gekauft, sondern immer gleich ein neues Ostmann-Basilikum-Döschen, nachfüllbar. Nicht besonders umweltfreundlich (Selbstvorwurf!). Gerade, als ich anfangen will, meine köstliche penne all' arrabiata zu essen, fällt mir ein, daß ich vergessen habe, Gurkensalat zu machen.
Also stelle ich die Penne warm, indem ich sie in die Pfanne zurückkippe. Da ich die Gurke mit dem Messer schäle, erhält sie langsam die Form eines Briketts. Ich bekomme ein schlechtes Gewissen, weil soviel Hunger in der Welt ist und ich soviel Gurke an der Schale lasse. Aber wohin soll ich die Schale schicken? Gerade will ich die Gurke in meine schicke Salatschüssel schnippeln, da kommt im Fernsehen ein Bericht über Klinsis Abschiedsspiel in London. Also esse ich die Penne stehend in der Wohnzimmertür direkt aus der Pfanne.

P. S.: Unheimlich viele intellektuelle Frauen fressen Nutella mit dem Suppenlöffel direkt aus dem Glas.

Mein vierzigster Geburtstag

Neulich schreckte ich nachmittags aus dem Schlaf. In etwas mehr als zwei Jahren werde ich vierzig und habe noch keinerlei Vorbereitungen für die dann fällige Party getroffen. Nicht einmal über das Design der Einladungskarten habe ich mir bisher Gedanken gemacht. Vermutlich werde ich einen preisgekrönten Grafiker damit beauftragen, der die Umschlagseite so gestaltet, daß der Anlaß nur schwer erkennbar ist. Mit der 0 vorne und der vier auf der Rückseite. Oder so ähnlich.

Und wo soll das Fest stattfinden? Auf einem Rheindampfer? In einer gemieteten Straßenbahn? Oder in Zelten, in denen am Eingang jeder ein Herzchen auf die Wange geklebt bekommt, von total lustigen Clowns? Schon jetzt sollte ich – wie branchenüblich – eine Agentur mit der Organisation beauftragen, die mindestens »multimedia show and concept production GmbH« auf der Visitenkarte vorweisen kann. Solche Virtuosen der Festlichkeit sind stets schwarz gekleidet und tragen diese coolen Kopfhörer mit Bügel und mindestens ein walkie-talkie pro Person. Schon Wochen vorher faxen sie dem Auftraggeber ein erstes Infopaper mit grober Übersicht. 11.00 Uhr: get together. 20.00 Uhr: Einnahme der Plätze unter Anleitung des Fantasy-Duos »Pusteblume«. 20.10 Uhr: Opening des Menues, musikalisch umrahmt von den »Mozartkugeln« (spielen Klassik in moderner Form und historischem Kostüm), Alternative: die lesbische Jazzrockformation »Schlampenfieber«. Wird noch gecheckt von Su nach Absprache mit Sven. Interessanterweise wird auf diesen Vorabdispos das Dessert immer »no time« serviert. Dies ist erforderlich, weil einem bereits vor dem Hauptgang zugeflüstert wird: »Wir hängen schon 20 Minuten.« Unter solchen Umständen muß der absolut schrille Straßenclown aus Paris gestrichen werden, der den Gästen den Salat wegzieht. Wäre sehr schade. Ungeklärt ist auch die Frage: Wie soll ich mich auf meiner Party kleiden? Weißer Smoking, ein roter und ein schwarzer Lackschuh? Oder Kaftan und besticktes Käppi, um zu signalisieren, daß ich die Unterhaltung weit hinter mir gelassen habe?

In keinem Fall darf das Outfit von den tiefen Gefühlen meiner Dankesrede ablenken. Werde ich sie via Multimediawand halten, computeranimiert? Oder in fast schon revolutionärer Schlichtheit, auf dem Fußboden sitzend, den rechten Arm um eine minderjährige Lebensabschnittspartnerin gelegt, die mich die Welt neu zu sehen gelehrt hat? Oder gibt es gar das Video meiner Hochzeitsfeier auf Hawaii zu sehen, bei dem ich wiederholt in Tränen ausbreche? All das ist in den nächsten beiden Jahren zu bedenken. Aber wahrscheinlich laß ich den ganzen Scheiß.

Herbstgedanken, extra tief

Neulich saß ich vormittags in meiner neuen Feinrippunterhose auf der Couch (bought in NY, made in Israel, die Unterhose) und wartete auf Koschis Einschaltquoten vom Vorabend, da dachte ich: Stimmt das alte Sprichwort, welches sagt: Toastbrot schimmelt schneller, wenn das Frühstück von einer Schwangeren zubereitet wird? Draußen regnete es, und schon hörte ich mich sagen: Das war's dann wohl mit dem Sommer. Diese Erkenntnis jedoch hat zwingend eine hoffnungsvolle Ahnung zur Folge: Vielleicht kriegen wir einen schönen Herbst! Durch die launischen Temperaturschwankungen in der Übergangszeit fällt eine richtige Terminierung des Heizbeginns schwer, doch gewährt mir meine Gasetagenheizung individuellen Spielraum. Gibt es eigentlich noch Übergangsmäntel für die Übergangszeit? In der Herrenmode geht der Trend in diesem Herbst zum Dandy, lese ich, während ich mir Baumwollreste aus dem Nabel puhle. Warum geben die Nägel meiner großen Zehen die schwarzen Sockenfusseln unter den Ecken nicht frei, obwohl ich stundenlang barfuß am Strand gelaufen bin? Frauen finden gepflegte Füße nämlich sexy, deswegen habe ich neulich so ein Ding gekauft aus Gummi mit Holzstiel, das Siffo ausgesprochen wird.

Denn seit mein Deckhaar ein leicht ins Richard-Gere-hafte tendierenden Grauton angenommen hat, werden die Büschel im Abfluß allmorgendlich größer, und ich stehe bis weit über die Knöchel im dreckigen Duschwasser. Gern bekenne ich, daß mir jener Narzißmus fremd ist, welcher sich am eigenen siffigen Duschwasser berauscht. Dank Siffo wird die Brühe jetzt Hitchcockmäßig in die Tiefe gesaugt. Zum Siffoerwerb begab ich mich in die wunderbare Welt eines BAUHAUS-Heimwerkermarktes, wo sich große Bretter schwebend durch die Gänge bewegten. Hinter den Brettern dürfen Heimwer-

ker vermutet werden, oder sind die Finger an den Brettseiten aufgeklebt? Fast hätte ich noch eine asigrüne Zwanzig-Liter-Plastikwäschebox und ein hundertzwanzigteiliges Werkzeugset gekauft, aber was soll ich damit?
Also stehe ich mit meinem Siffo an der Kasse, und die Kassiererin hat dank ihrer Weitsichtigenbrille nicht nur Augen so groß wie die Fettaugen in der Hühnersuppe im ICE-Bordtreff, sondern sie erschlägt ganz plötzlich mit meinem noch nicht bezahlten Siffo eine kleine Spinne auf der Kassentheke. Dabei lachte sie. Mir tat die Spinne leid, denn Spinnen sind hochentwickelte Lebewesen und ihre Netze raffinierte Meisterwerke. Die Spinne hatte es nicht verdient, von einer weitsichtigen Kassiererin im BAUHAUS erschlagen zu werden. Aber ich habe nichts gesagt, sondern mit stummer Trauer meinen Siffo bezahlt.

Mein Traum

Lange Zeit konnte ich mir keine Träume merken. Eigentlich kann ich es immer noch nicht, aber ständig erzählen mir Leute ihre Träume. Interessiert höre ich, wie Menschen davon träumen, in einer Telefonzelle am Strand entlang zu fahren und dabei ihrer Mutter zuzuwinken, die halb in den Sand eingegraben ist. Oder wie Menschen das Telefonläuten in ihre Träume integrieren. Als mir kürzlich ein unterdurchschnittlich bekannter Schauspieler erzählte, er sei im Traum nachts durch mehrere Kaufhäuser gerannt, verfolgt von einem Tier, – halb Ziege, halb Schildkröte –, da verfiel ich in einen tiefen Schlaf und träumte, ich säße in einem Zimmer, dessen Wände rosa tapeziert waren. Auf der rosa Tapete waren viele Reihen mit nichts als der Biene Maja, die aber das Gesicht von Jürgen Fliege hatte. Plötzlich trat der echte Fliege in das rosa Zimmer und nahm mir meine Kontaktlinsen aus den Augen. Da ich aber gar keine Kontaktlinsen drin hatte, nahm mir Fliege aus Versehen beide Augäpfel raus. Ich mußte lachen, denn ich hatte nicht etwa schwarze Höhlen im Schädel, sondern an der Rückwand meiner Augenhöhlen klebten Postkarten mit Fotos eines marokkanischen Sporthotels.

Fliege hatte jetzt nicht mehr meine Augen in den Händen, sondern zwei Billardkugeln, mit deren Hilfe er eine Geschichte erzählte. Ich ging aus dem Zimmer durch eine große Kantine, in der fünfhundert identische Kantinenfrauen mit Papierhäubchen im Takt Chili con carne aßen. Am Ende der Kantine saß Kalli Feldkamp und stempelte Jahreskarten fürs Freibad. Er trug einen Plexiglaszylinder, in dem der Bahnübergang einer Modelleisenbahn aufgebaut war. Hin und wieder blinkte die Lampe am Andreaskreuz. Wünschen Sie, daß ich aufwache und diesen Traum für Sie niederschreibe?

Der Schenk-mir-was-Text

Wer jede Woche eine Kolumne schreibt, kann von führenden Industriegiganten unter Umständen reich bedacht werden. Luxuslimousinen, Schaumweine, exklusive Sehhilfen – alles ist dem armseligen Schreiber dieser Zeilen schon angeboten worden, wenn das entsprechende Produkt in einem Artikelchen positive Erwähnung fand. Natürlich habe ich bisher alles entschieden abgelehnt, um mir meinen bekannt kritischen Blick nicht trüben zu lassen. Außer neulich einer Flasche Champagner und fünf Packungen Cashewnüssen von Stewardeß Uschi bei LUFTHANSA, unserer supertollen Airline. Ja, bei LUFTHANSA wirken solche kleinen Aufmerksamkeiten sympathisch, außerdem war es ein kleines Dankeschön für drei Autogramme an LUFTHANSA-Stewardessen, die außer Dienst weiter hinten saßen und sich nicht trauten. (Bin mal gespannt, wie viele Sekunden es nach dieser Hymne dauert, bis man mich auf meinem nächsten Super-flieg-und-spar-Flug von Frankfurt nach San Francisco in die First Class bittet!).

Natürlich passieren auch grobe Mißverständnisse. Bin ich etwa Hobbykoch? Warum sonst rufen Bauknechtmitarbeiterinnen an und erkundigen sich, ob ich mal einem Händler eine Stunde zur Verfügung stünde, um zu Werbezwecken Herde, die der Händler gratis bekommt, zu verkaufen? Selbstverständlich unentgeltlich! Du fehlgeleitete Küchengeräteherstelleranruferin! Sowas heißt in unserer Fachsprache EINE GALA, und das Honorar dafür hat mehr Stellen als ein Bauknechtherd Kochplatten!!!
Welchen Grund gäbe es auch, die Kölner Firma »Messing-Müller mal in einer Fernsehsendung zu erwähnen«, wo ich neulich fünf Kunststoffkleiderbügelauslaufmodelle voll bezahlen mußte und mir noch hintenrum die Beschwerde zu-

getragen wurde, ich hätte »beim Betreten des Geschäfts nicht mal einen Witz gerissen«?

Nein, das ist leider nicht der Stil von Firmen wie ARMANI, BOEING, ROLLS ROYCE, BELL-HUBSCHRAUBER und GENERAL MOT… (äh, General Motors bitte wieder streichen, ich will um Gottes Willen keinen Opel), also von diesen Firmen, die mir alle noch nichts geschenkt haben, aber vielleicht schlüpfe ich ja nach diesem Artikel in einen meiner zweitausend NAGELNEUEN ARMANI-ANZÜGE, mein BELL-Hubschrauber bringt mich zum Flughafen, wo ich im ROLLS sanft übers Rollfeld zur BOEING 737 gleite? Nein? Dann eben im BOSS-SAKKO schnell in den FERRARI und zum nächsten LUFTHANSA-Schalter. Auch nicht? Genau bedacht, bedeutet vollkommenes Glück für mich nichts anderes, als in JOOP-Jeans in einen HYUNDAI zu kriechen. Falsch! Vollständig war mein Einklang mit dem Universum hergestellt, als ich in einem LE FROG-POLOHEMD EIN JAHR LANG DIE STRASSENBAHN DER KÖLNER VERKEHRSBETRIEBE benutzte.

P. S.: Karibik-Flüge im AIR-FRANCE-JUMBO sind ein Traum!

P. P. S.: Ohne die Telekom ist mein Leben sinnlos.

Pro Familia

Manch einer wird sich vielleicht fragen, wieso nur hier Texte zum Thema Kinder, Sex und Frauen Eingang in dieses Büchlein gefunden haben.

Scheint das nicht ein bißchen wenig angesichts dessen, was man so liest und hört, hm?

Nun, hier wird es notwendig, Einblick in die Dichterwerkstatt zu gewähren, den Begriff der Ökonomie heranzuziehen.

Weshalb schon in einer so frühen Schaffensphase Material verschleudern, dessen gesammelte Verwertung später einmal die Buddenbrooks als Kurzgeschichte erscheinen lassen könnte?

Also rasch umgeblättert, und immer schön zwischen den Zeilen lesen!

Auf der Rutschbahn

»Jill, mach die Beine zusammen!« Mannigfaltig sind die Möglichkeiten, bei denen wir diesen Satz hören können, doch nie klingt er fröhlicher, als wenn ihn eine junge Mutter auf dem Spielplatz ihrer Tochter zuruft. Jill soll in diesem Fall die Beine zusammenmachen, um die Rutschbahn runter zu fahren. Auf der Leiter, welche zur Rutschbahn emporführt, herrscht derweil dichter Stau. Mehrere Kinder warten darauf, daß Jill die Beine schließt, damit es weitergeht, einigen dauert es zu lange, und sie klettern die Leiter wieder runter, wobei sie mit einer Mutter in Bundfaltenjeans und fliederfarbenen Wildlederschuhen kollidieren, die ihren Jakob praktisch die Leiter hochträgt. Gibt es wissenschaftliche Untersuchungen über die Entwicklung von Kindern, welche mütterlicherseits die Rutschbahnleiter hochgetragen werden? Führt dies zu mildernden Umständen bei späterem Amoklauf? Bisher galt die Rutschbahn als verläßliches Symbol, wenn es darum ging, einzelne Lebensphasen zu verdeutlichen. (»Wie auf einer Rutschbahn ging es abwärts mit ihm«). Doch runter kommen wir alle, ob vorwärts, rückwärts, auf dem Bauch oder mit dem Kopf zuerst. Keiner hat sich bisher mit der Frage beschäftigt: Wie erklomm er eigentlich die Leiter, welche zum schmalen Holzpodest führte, von welchem aus ein Rutschen erst möglich wurde? Ging es ihm dabei etwa wie Tim, der erst tatenlos zusah, wie sein grüner Spielzeug-LKW von Lara ins Gebüsch verschleppt wurde, danach mit dem Schäufelchen ansatzlos eine auf den Kopf bekam, weil er sich weigerte, sein Sieb rauszurücken, und schließlich auch noch das Gesäß von Jakobs Mutter ins Gesicht gedrückt bekam, weil diese beim Nach-oben-Stemmen ihres Spätgeborenen Halt suchte, den sie vielleicht in der Familie nirgends fand? Kauft einer mit diesen Kindheitserlebnissen später nicht unweigerlich Aktien der Bremer Vulkan? Jill war zwischenzeitlich übrigens gerutscht, mit leicht geöffneten Beinen, was laut Kinderpsychologen in diesem Alter als leicht überdurchschnittliche Leistung bewertet werden muß und auf eine spätere Tätigkeit im kreativen Bereich schließen läßt. Wo ist eigentlich mein Schlüssel?

Wenn Frauen zu sehr leben

Mitten in Deutschland stellen wir täglich fest: Die Frauen werden immer älter! Während Freund Hein uns Männer in der Blüte unserer Jahre (also zwischen 18 und 96) in die Ewigkeit abberuft – fast immer unerwartet und viel zu früh (sollte den Verfasser dieser Zeilen eben jener Ruf in naher Zukunft ereilen, bittet er statt Blumen und Kränzen um Spenden für VOX) – während wir also den Hobel hinzulegen haben, werden die Frauen im Schnitt um lockere sechs Jahre älter. Muß das sein?

Ja, haben Wissenschaftler festgestellt. Am ehesten in den Industrienationen, am wenigsten im Mittleren Osten und in Südasien. Und zwar nicht nur bei Menschen, sondern auch bei Vogel, Fisch und Klapperschlange. Karrierestreß also auch beim Karpfen? Lebt das gemeine Suppenhuhn bewußter als der von Konkurrenz bedrohte Gockel auf dem Mist?

Dem Wissenschaftsteil der SÜDDEUTSCHEN ZEITUNG entnehmen wir, daß ein Grund für vorzeitiges Ableben vermutlich in etwas typisch Männlichem zu suchen ist, in den Hoden. (Sorry, daß wir dafür unter die Gürtellinie müssen, aber da sind sie nun mal.)
So wurden in den USA (und nicht nur dort) zu Beginn dieses Jahrhunderts psychisch kranke Patienten kastriert und – shocking – im Schnitt dreizehn Jahre älter als unbehandelte Zeitgenossen. So mancher 65jährige also, der beim Turteln mit einer jungen Angebeteten plötzlich von dieser Welt ging, hätte als Kastrat im Kreise seiner Lieben noch unbeschwert seinen 78. Geburtstag feiern können, womöglich an der Seite seiner statistisch garantierten 84jährigen Gattin.
You can't always get what you want! (Jagger/Richards)
Und doch keimt Hoffnung. Mutter Natur, die gute, hat ja für

die Frauen bodymäßig und vom hormonellen outfit her acht Schwangerschaften (mindestens) vorgesehen.

Nun ist es bekanntlich in der heutigen Zeit mit der Mutterschaft so ein Kreuz. Die moderne Frau bringt es noch auf durchschnittlich zwei Kinder, bleibt also die Reservekraft von sechs ungenutzten Schwangerschaften. Wohin damit, wenn nicht in ein längeres Leben, mal laienhaft formuliert?

Dabei ist der Chromosomen-Vorteil noch gar nicht berücksichtigt, denn im Gegensatz zum XY-Mann besitzt die Frau ja XX(in Einzelfällen wie Chefredakteurin oder Supermodel sogar XXL), bei Defekten auf dem X wird einfach auf das andere zurückgegriffen. Was macht unsereins? Steht mit dem Y dumm rum und stirbt kettenrauchend, ruhelos und mit gnadenlosen Cholesterinwerten einfach sechs fette Jahre früher.

Um mit Theo Sommer zu fragen: Was also ist zu tun?
Folgendes: Die höchste Lebenserwartung als Mann hat folgerichtig der nichtrauchende, Trockenbrot essende Südasiate, der seine dreizehn Jahre jüngere Frau vor der Kastration achtmal geschwängert hat. Entdecken wir den Südasiaten in uns!

Sex in der Ehe

Endlich wird in Bonn ein Gesetz auf den Weg gebracht, das uns Männer besser beschützt: Schluß mit der Vergewaltigung in der Ehe. Jahrelang waren wir fast sklavisch den Trieben der Ehefrau ausgesetzt, da halfen auch keine Ausreden wie »Ich muß erst noch die ›Buddenbrooks‹ zu Ende lesen« oder »Ich hab' schon im Büro«.

Frauen wollen immer nur das eine. Während für uns Männer Vertrauen, Gefühlstiefe und Gesprächsbereitschaft die Grundlagen einer echten Beziehung sind, haben Frauen nur Sex im Kopf. Dies kann so weit führen, daß sie sogar ihre eigentlichen Aufgaben wie Putzen, Einkaufen und Küche vernachlässigen.

Jahrelang fand in normalen, gesunden deutschen Ehen überhaupt kein Sex statt. Die Ehepartner widmeten sich dem Abbezahlen des Reihenhauses, der Bepflanzung der Grundstücksgrenze und dem gemeinsamen Autowaschen. Abends zog man sich den Schlafanzug über die Unterwäsche, löschte das Licht und schlief ein.

Doch in letzter Zeit verwandeln sich deutsche Ehefrauen in wahre Sexbestien. Sie tragen aufreizende bunte Anoraks, das stufig geschnittene Deckhaar ist anders gefärbt als die Fransen im Nacken, die kurzen Beinchen werden in weiße Leggins gezwängt – alles nur mit einem Ziel: Der Alte soll scharf gemacht werden!

Millionen deutscher Männer erscheinen morgens müde und abgespannt zur Arbeit, weil sich die Angetraute nach Ablegen der ärmellosen Kittelschürze in Sharon Stone verwandelt. Welche Möglichkeiten hatten wir bisher, den O. J. Simpson in uns zu bremsen, wenn die Gattin fast monatlichen Sex wollte? Haben wir nicht deshalb einen Futon angeschafft, weil das Fehlen der Bettpfosten zumindest eine Fesselung verhinderte? Oft war es uns nur möglich, verständnisvollen

Kollegen an Gummipuppen anzudeuten, was daheim mit uns getrieben wurde, ganz zu schweigen von perversen Praktiken wie Müll runterbringen und Miete zahlen.
Für die zu erwartende Prozeßlawine ist es unerläßlich, Zeugen aufzubieten, die das den Männern zugefügte Unrecht an Eides Statt beschwören. Idealfall: Unsere Mutter zieht wieder ins Schlafzimmer ein. Wir selbst müssen von unserem Zeugnisverweigerungsrecht schon deshalb Gebrauch machen, weil uns der Mund vom Zaumzeug weh tut.
Ansonsten plädieren wir auf Freispruch, belegt durch ein medizinisches Gutachten des Facharztes für Haut- und Geschlechtskrankheiten, Dr. Gottfried Benn: »Impotenz in der Ehe ist eine Ovation für die Ehefrau als Mensch.«

Frust im Bett

Ein Umfrageergebnis läßt uns senkrecht im Bett emporschnellen: Laut Frauenzeitschrift »ELLE« sind rund 90 Prozent aller Deutschen zwischen 17 und 35 Jahren mit ihrem Sexualleben unzufrieden. Wir wollen uns in diesem Zusammenhang nicht weiter darüber empören, daß es die Flittchen heute schon mit 17 treiben, auch sparen wir uns ein Kopfschütteln über 35jährige, die ihre Zeit mit Sex im Schlafzimmer verplempern, anstatt ihn zeitgleich mit der Karriereplanung im Büro zu praktizieren. Vielmehr staunen wir darüber, daß 90 Prozent der befragten Männer die »Verschwiegenheit der Frauen über ihre sexuellen Bedürfnisse und Phantasien« kritisieren.

Dem kann abgeholfen werden, denn die Bedürfnisse der deutschen Frau sind eindeutig: Sie will immer und überall! Auf Betriebsfesten, während Kirchenchorproben sowie am, auf und unterm Arbeitsplatz – dazu braucht es keine Kommunikation in der Partnerschaft, das ist unter deutschen Männern doch bekannt, oder?

Auch die geheimen Phantasien der Frauen sind seit Jahren in jedem Schulbuch zu finden: Briefträger, Gasmann und verschwitzter Bauarbeiter (am liebsten Ausländer mit ordentlich Muckis!).

Mehrere Geisteswissenschaftlerinnen haben mir ihre Wünsche verraten, »bei einer Neubaubesichtigung von einem richtig stinkenden Proll die Strumpfhose zerfetzt zu bekommen« oder »im engen Kostüm von hinten gegen staubige Zementsäcke gepreßt zu werden«. Nachdem die Schamröte aus meinem Gesicht gewichen war, erwog ich, eine Tätigkeit am Bau anzunehmen, vielleicht in den neuen Ländern?

Doch auch wir Männer müssen uns berechtigte Vorwürfe gefallen lassen: Drei Viertel der gefrusteten Frauen beklagen fehlende Abwechslung sowie Einfallslosigkeit unsererseits.

Also weg von den jahrzehntealten Standardsituationen (beim Wischen des Parketts, Ausräumen der Waschmaschine oder Gängigmachen des Duschabflusses), hin zu verspielten Varianten, die den weiblichen Orgasmus zum festen Familienmitglied werden lassen: Schwiegermutter guckt zu, Mann schaut Frau und Briefträger zu, Frau und Schwiegermutter peitschen Briefträger und schauen dabei Mann und Gasmann zu – die Phantasie ist unbegrenzt!

P. S.: Ein Redakteur eines montäglichen Magazins gestand mir seinen Traum, »die weibliche Hockeynationalmannschaft (mit diesen Röckchen!) in der Kabine zu (wörtlich) schänden«!
Ein Fall für Meiser, Christen, Fliege?

Echt modernes Leben

Die folgenden Texte gehören mit zu meinen Lieblingen, weil sie sozusagen die Rubrik bilden »Passiert und notiert«.

Da gab es kein langes Überlegen, da mußte nicht viel gebastelt werden, die waren überfällig. Wer schon mal selbst versucht hat, ein Blatt Papier mit Buchstaben vollzukriegen, wird das Gefühl kennen, wenn man gewissermaßen von einem inneren Tonband abschreibt, wenn der Anblick eines Schnäuzers oder das Schütteln einer Hennabirne nur noch eine Formulierung zulassen.

Programmkinos

Wer ausländische Filme in Originalversion sehen will, der muß den Weg in die Programmkinos antreten. Jene Lichtspielhäuser, die von den bösen kommerziellen Großkinos allmählich platt gemacht werden. Dabei sind Programmkinos so erfrischend anders.
Ohrenbetäubende Techno-Musik empfängt den Besucher bereits an der Kasse. Die junge Mitarbeiterin kommt auch nicht aus dem Rhythmus, als sie sich während des Kartenvorverkaufs Erdnüsse einwirft. Auch die Betreiber der Getränke-Naschwerk-Theke haben entweder ein Eis oder eine Bierflasche in der Hand. Häufig sitzen sie abseits der Theke mit Freunden und schieben sich dann nach entsprechender Wartezeit im Techno-Rhythmus zum Verkauf, ohne jedoch das Eisschlecken zu unterbrechen. Manchmal kommt auch eine total liebe Freundin die Süßigkeitenverkäuferin besuchen, die sich super freut, weil sie sich total lange nicht gesehen haben. Die Besucherin läuft neuerdings unter der Bezeichnung »Girlie« oder »Mädchen« und trägt ein irre süßes Minikleid zu Springerstiefeln, mindestens einen Ring in der Nase und einen 4 m langen Schal. Girlie läßt sich ganz doll viel Zeit beim Auswählen der Süßigkeiten aus der Glasvitrine und wickelt sich dabei mit meditativer Langsamkeit den Schal vom Hals. Als sie bemerkt, daß ihre Lieblingslakritze alle sind, ist sie total traurig und wird von ihrer besten Freundin in den Arm genommen.
Daß überwiegend studentische Programmkinopublikum frißt ebenso tütenweise Popcorn und Süßigkeiten wie es Besucher von z. B. »Stargate« tun, aber mit anderem Bewußtsein. Irgendwie bewußt kindlicher. Dazu gehört auch, daß man sich sofort die Schuhe auszieht. Man macht es sich so richtig kuschelig, nachdem man vorher ungefähr dreimal den Platz gewechselt hat. Studentische Programmkinobesuche-

rinnen öffnen auch gerne vor Filmbeginn ihr Haar und schütteln es mit nach vorne gebeugtem Oberkörper aus. Dieses Haar kommt nur sehr dosiert mit Shampoo in Berührung. Dann werden mehrere Sweat- und T-Shirts ausgezogen, bis feuchte Achselhaare frech aus den Ärmelchen lugen.
Wenn der Film endlich anfängt, schließt keine böse Aufpasserin die Tür. Lohnt sich auch nicht, denn nach wenigen Sekunden verreckt sowieso der Film. Dies wird vom Publikum mit Lachen und Beifall quittiert, man empfindet das gewissermaßen als Charme des Unperfekten. Schon nach wenigen Minuten – die Saalbeleuchtung ging mittlerweile mehrmals aus und an – wird der Film fortgesetzt, allerdings an einer völlig anderen Stelle als vor der Unterbrechung. Kurz darauf kommt auch Girlie kichernd mit Getränkenachschub zurück. Total süß, wie sie im Dunkeln erst mehrmals in versiffte, enge, falsche Reihen stapst. Krieg den Programmkinohütten – Friede den Lichtspielpalästen.

Das Hotelfrühstück

In einem Hotel, dessen Namen wir aus Gründen der Diskretion verschweigen wollen, dessen erster Name aber so heißt, wie Ferien auf Englisch, und dessen zweiter Name identisch ist mit dem Namen des Flusses, an dem die Perle Tirols liegt, in diesem Hotel erwarten uns laut Eigenauskunft »mehr als 20 laufende Meter Frühstückserlebnis«. Eine poetische Umschreibung für das, was den Reisenden mittlerweile in fast allen Hotels erwartet: das Frühstücksbuffet. Eine gigantische Errungenschaft der Neuzeit, die genauere Beachtung verdient.

Wer seinen Tag vitaminbewußt mit einem »Fruchtsaft« beginnt, der freut sich, wenn die Konzentratautomaten in eine rustikale Plastikverschalung eingebettet sind. Beim Obstsalat sehen wir, was man unter Monokultur zu verstehen hat: 15 Scheiben Ananas mit 6 Kirschen und zwei Apfelschnittchen. Gleich nebenan die Schüsseln mit Quark und mindestens vier verschiedene Joghurtsorten, von denen wir aber Abstand nehmen, weil im Himbeerjoghurt Petersilienreste vom Kräuterquark nebenan schwimmen. Die Rührei-mit-Beilagen-Ecke weist in jedem Hotel individuelle Zusammensetzung auf. Immer dabei: Schrumpeliger Speck und diese Würstchen, die endlich mal eine Frage zulassen müssen: Gibt es auch okkultes Blut in Hundekot?

Was wäre ein Frühstücksbuffet ohne Lachs! Dieser Lachs sieht häufig aus wie in Öl getauchte Waschlappen und – das ist das Tolle – er schmeckt auch so! Woher ich das weiß? Weil ich zu Hause in Öl getauchte Waschlappen frühstücke, klar?!

An Marmeladesorten herrscht kein Mangel, allein ihre einfallsreiche Anordnung bringt an jedem Frühstücksbuffet gut zwei Meter. Auch der Käse sieht lecker aus, ihn kennen wir schon von der Käseplatte am Vorabend. Demnächst ritze ich mal eine Markierung in den Käse, der am Vorabend zurückgeht, weil ich einen gewissen Verdacht habe...

Risikofaktor Nr. 1 an jedem Buffet ist der Toaster. Vielleicht hat er Stufe 1–6, aber wer weiß schon, auf welcher Stufe einem ein Brikett entgegenspringt? Da helfen nur ein bis zwei Testtoastläufe.

Hat man seinen Tisch erreicht, wächst die Spannung: Was wird einem wohl heute unter dem Begriff »Kaffee« in die Tasse geschüttet? Wie viele Stunden des Tages noch signalisiert einem ein Brennen in der Speiseröhre: »Hallo, hier spricht Dein Kaffee!«? Für zusätzliche Gäste (»Laß uns mal zusammen frühstücken«) kostet die Teilnahme an einem solchen Erlebnis zwischen 20 und 30 Mark!

Darfs noch Kaffee sein?

Billig ist beautiful

Ein neuer Trend deutet sich in diesen Tagen an: billig ist in. Vorbei die Zeiten, in denen man sich ohne teure Markenartikel nicht auf die Straße trauen durfte. Shopping bei ALDI gilt mittlerweile als letzter Schrei, die Kleider müssen nicht nur von der Stange sein, sondern auch so aussehen.
Dies bedeutet nun nicht, daß etwa Sportmoderatoren des MDR oder Grüne Landtagsabgeordnete in NRW modisch voll im Trend lägen, der Billig-Look muß mit der Ausstrahlung verbunden sein: Ich könnte auch anders! Erinnert sei in diesem Zusammenhang an weibliche Hardbodies, die in Sportleibchen (ein leider fast vergessener Ausdruck) und alter Cordhose ziemlich gut rüberkommen, während dieses Outfit am deutschen Mann Assoziationen wie »morgendlicher Auswurf« evoziert.
Ähnliches gilt auch für bunte Männerslips aus dem Dreierpack, die auf dem kantigen Beckenknochen einer schmalen 19jährigen manch erotischen Schabernack auslösen können, wohingegen stramm sitzende oder prall gefüllte Satinboxershorts bei Tennisseniorenvizemeisterinnen (vereinsintern) den weiblichen Schoß nicht mehr luftig umspielen, sondern die erotische Absicht erkennen lassen und zu sofortiger Flucht in die Minibar führen. Tür zu, und zwar von innen.
Was also sind die Basics für den Elendslook im kommenden Winter? Hautenge Acryl-Rollis, in die man sozusagen »den Schweiß reinbügelt«. Ein absolutes must: Schuhe aus einem Geschäft Ihrer Wahl, das sich auf »Schuh-Poertz« reimt. Weiße Jeans mit farbigen Unterhosen. Und alles von dieser Firma, auf deren Plakaten es der Werbechef mit einem Pferd treibt.

P. S.: Jil Sander könnte den Umsatz verdreifachen, wenn ihre Hilfsverkäuferinnen Sprechverbot hätten. Ehrlisch!

Mein Daimler

Als Leihwagenfahrer bin ich fast ausschließlich mit einem Daimler unterwegs. Nach vielen tausend Kilometern hat sich auch zwischen mir und meinem Daimler jenes emotionale Verhältnis gebildet, das den typischen Daimlerfahrer auszeichnet. Neulich habe ich ihn während des Tankens gestreichelt. Den Kofferraumdeckel knalle ich nicht mehr zu, sondern tippe ihn zärtlich an, bis er kurz vor dem endgültigen Zuschnappen wie von Geisterhand angesaugt wird.
Erschreckend ist nach wie vor die Aggression, die einem von Kleinwagenfahrern entgegenschlägt, wenn man mit einem S-Klasse-Modell im Parkhaus rangiert. Ist es der Neid darauf, daß man als Daimlerfahrer kaum wahrnimmt, wenn man während der abendlichen rush hour einen Passat auf einen Porsche schiebt? Die beiden schwäbischen Edelkarossen bleiben unversehrt, das Nutzfahrzeug aus Wolfsburg wird zum Akkordeon. Ist der Daimlerfahrer dafür zu tadeln, daß sein Vehikel zivile Schützenpanzerqualitäten aufweist? Kann die moderne Gentechnologie bereits Föten erkennen, die später mal mit dem Schlüssel an der Beifahrerseite entlang kratzen und den Stern abbrechen? Und kann die Gentechnologie auch Daimlerfahrer produzieren, die sich über zerkratzten Lack nicht mehr aufregen? Denn viele Daimlerfahrer sind mit der Anschaffung des Wagens bereits am Ende und mit dem Kauf eines neuen Rückspiegels ruiniert.
Wir nähern uns allmählich der Stelle, wo das Drama mit der Infrarot-Türöffnungsautomatik zur Sprache gebracht werden muß. Der Daimler ist nämlich nicht mehr zu starten, wenn er zwar infrarot abgeschlossen, aber schlüsselmäßig aufgeschlossen wird. Wenn er überhaupt aufschließbar ist, weil die Fahrertür leider kein Schloß mehr hat.
Also für Schlüssel. Die Beifahrertür hat ein Schloß für Schlüssel. Aber da paßt er nicht. Vielleicht ist die Infrarot-

türöffnerbatterie leer. Ist das normal, daß die so flach aussieht? Schwer zu sagen, Sonntagnachmittag in einem belgischen Dorf. Wie geht das eigentlich mit den zwei Kabeln, die man aneinander hält, und dann springt der Wagen an? Bei einem Leihdaimler würde man eher mal die Konsole wegbrechen als beim eigenen Wagen.

Wahrscheinlich stehe ich ziemlich dämlich da, wenn der Kfz-Mechaniker morgen die Batterie wechselt oder nur durch Handauflegen die Tür öffnet. Technischer Laie? Ich halt's mit Jürgen Kohler: »Ich sag auch ohne Binde meine Meinung!«

Babyfunk abhörsicher?

Wie abhörsicher ist der Babyfunk? Ja, diese Frage schlägt wie eine Bombe in diese erste Septemberwoche, und ist doch überfällig! Immer wieder wurde ich in den letzten Wochen unfreiwillig Zeuge von Gesprächen, die auf rätselhafte Weise aus meinem Babyfunk drangen (für Nichteltern: Der Babyfunk ist eine Art Handy, das vorwiegend nachts gegen halb vier zu rauschen beginnt, worauf Erwachsene aufstehen und raten, wogegen sie auf dem Weg zum Kinderbett gekracht sind). Auf meinem Babyfunkempfangsgerät (heißt das so?) klebt eine Abziehfolie mit dem Hinweis »1 Meter Abstand zum Kind einhalten«. Diesen Aufkleber wünsche ich mir übrigens auch auf Hundehalterinnen mit Zahnfäule, bleichschenkeligen Kaffetrinkern an Kiosken sowie Supermarktkundinnen, die beim Anwenden von Babylauten (»Dududu«) einen Hustenanfall erleiden, wobei ihnen die Zunge halb über dem Kinn hängt, die Augen schreckensweit geöffnet sind (was ziemlich blöd aussieht), und die rechte Hand heftig winkt, was wohl signalisieren soll: Gleich vorbei. Muß ich erwähnen, daß dieser Anfall nicht frei von Auswurf ist?
Warum höre ich aus meinem Babyhandy eine Frauenstimme sagen: »Lulu, lulu Foni – kaputti, putti Moni?« Warum sagt dieselbe Stimme wenig später über Babygeschrei zuerst »guck, guck, guck« und kurz darauf in völlig anderem Tonfall »von wegen, das zahl' ich dem zurück«? Es scheint so, als ob auf dem Babyfunk immer nur andere Babyfunks gehört werden können. Im Gegensatz zu meinem Faxgerät, wo ich neulich nach dem Abheben des Telefonhörers einen Mann sagen hörte: »Sag ihm doch einfach, du fährst zu deiner Schwester.« – »Dat weissa, dat ich dat nie machen täte«, antwortete die Frau. Mann: »Dann wiad dat nix mit uns am Wochenende«. – Frau: »Scheiße.« – Mann: »Ja, kann ich nix für.« Bestimmt wäre das Gespräch noch sehr interessant weiterge-

gangen, aber plötzlich sagte die Frau: »Huch, wat war dat denn? Ich glaub, da hört einer mit.« Vielleicht hätte ich nicht sagen sollen: »Jetzt leg schon auf, du kleine Schlampe.«

Stau hinter Antwerpen

Dies ist ein Auszug aus meinem Notizbuch, folgenloseste Folge, miesestes Stück. Neulich, auf der Heimfahrt von jüdischen Freunden, welche im Diamantenhandel ihr Heil suchen, stand ich kurz hinter Antwerpen im Stau. Ich stand nicht kurz im Stau, sondern es war ein kurzes Stück hinter Antwerpen, als ich fast zwei Stunden im Stau stand. Warum ist unsere Sprache da so ungenau, hm? Und wo genau ist »hinter Antwerpen«? Hängt das nicht von der Richtung ab, vom Ziel? Nach einer Viertelstunde beginnen die Stausklaven, ihren ganz persönlichen Stau individuell zu gestalten. Als es einmal für wenige Meter vorwärts geht, versucht einer, die Fahrspur zu wechseln, um sich sensationelle drei Meter nach vorn zu schieben.

Manche steigen aus und schauen kopfschüttelnd an die Spitze der Bewegungslosigkeit, um die tieferen politischen, sozialen und psychologischen Gründe für das regungslose Verharren zu ergründen. Rechts neben mir steigt ein junger Mensch, dessen beruflicher Weg nur steil nach oben führen kann, aus seinem grünen Peugeot 106 und holt einen Laptop aus dem Kofferraum. Bewundernswert. Er füllt die Zwangspause kreativ. Für ihn ist motorischer Stillstand gleich intellektueller Fortschritt. Bestimmt hackt er in seinem Laptop Vorschläge, wie sein Unternehmen der südostasiatischen Bedrohung trotzen kann. Oh, wäre unsere Welt doch voll von stauenden Laptopbesitzern in grünen Peugeots!

Im Wagen unmittelbar neben mir sitzt ein ehrlicher Handwerker, dessen Gesichtsausdruck je nach Wunsch als meditativ oder schwachsinnig interpretiert werden kann. Während ich ihn beobachtete, führt er seinen Zeigefinger abwechselnd in sämtliche Körperöffnungen oberhalb des Kehlkopfes. Leichter Ekel steigt in mir auf, ich schaue wieder nach vorn und sehe einen frühverglatzten Belgier mit Schmuddelkunstpelzkragen auf seiner Anorakkapuze sein Auto verlassen (ich schwöre: ein roter Lada Samara 5 speed!) und auf dem Seitenstreifen sein Wasser abschlagen. Eigentlich ist in Belgien der Unterschied zwischen Stau und rush hour nicht auf Anhieb zu erkennen. Auch die Gründe für den Stau hinter Antwerpen werden wir nie erfahren.

Brrrrr!

Also dann. In der wunderbaren Welt der Floskeln nimmt »also dann« einen Spitzenplatz ein. Die Rasch-mal-Generation (»bin rasch mal weg«) wäre ohne »also dann« um einen beträchtlichen Teil ihres Wortschatzes beraubt. Ich bin dann weg. Ein sicheres Zeichen dafür, daß jemand ganz da ist: »Ich bin dann weg.«

Gerade um die Mittagszeit ist das gutbürgerliche »Mahlzeit« zunehmend bedroht durch »Also dann. Ich bin dann weg, rasch mal was essen gehen«. Häufig wird bei solchen Sätzen nix bei gedacht. Da ist einer gerade rasch mal am Kaffeetrinken, und als er die Milch sich am holen war, kommt faxmäßig was rein. Da denkt der sich doch nix bei!

Also dann. Thema heute ist die Kälte. Könnte Kult werden. Tierisch viel ist heutzutage wahnsinnig schnell am kultig werden. Praktisch haben wir schon eine totale Kultindustrie, die den ganzen Tag voll den Kult am machen ist. Vieles sieht aber sowas von anders aus, wenn es mal von der Kultseite her betrachtet wird. Kälte? Absoluter Kult. Arbeitslos? Wird demnächst Kult. Flugzeugabsturz? Kultverdächtig. Ich war praktisch schon weg, da wurde es aber sowas von kalt. Ökotechnisch ist diese Kälte irgendwie voll der Hammer. Irgendwie denk ich, ist die Erde sich voll am Aufwärmen. Polkappenmäßig abschmelzen und so. Neulich labert mir einer ein Ohr ab, in hundert Jahren sind die Ozeane am kochen. Ich hab mir nix bei gedacht, aber jetzt mit der Kälte. Ja, was jetzt? Eiszeit oder Treibhaus?

Uns fragt keiner, weil die da oben sowieso machen, was sie wollen. Aber wenn's nach mir ging, wär' mir die Eiszeit lieber, klamottenmäßig. In letzter Zeit vielleicht mal an die verbrannten Horrorfressen aus'm Sommer gedacht? Die Käseschenkel und Wabbelärsche, die einem aus Slips und Shorts entgegenquellen? Die nassen Achselhaare, die aus Muscle-

shirts hängen? Ist doch jetzt alles weg! Gnädig verhüllt, bis auf zwei Augen von den meisten nichts zu sehen. Steht uns das keusche Grau des Nordens nicht besser an? Absolutes must: Bei Kälte supergut drauf sein. Ist Kult. Mit Familie übers Eis gehen. Warm eingepackt. Danach lecker heiße Schokolade trinken. Macht hmmm-Gefühl. Wichtig: Aus mollig warmer Mega-In-Kälte-Kleidung raus den Kellner fragen: »Gibt's heiße Schokolade?« Jetzt schon Kult. Keinesfalls Kakao. Old-fashioned. Liebe ist: Wenn sie in der Kälte wartet, weil sein Rottweiler Verstopfung hat. Also dann: Der Rottweiler voll am Zittern, dampft nur hinten raus. Er am Frieren (Bomberjacke und zu enge Jeans). Sie am Warten (Weiße Steghosen – Knie schon ausgebeult –, pinkener Anorak mit weißem Kunstpelz auf der Kapuze, Ohrenschützer im Militäry-Look). Absolut kultverdächtig: Bei Kälte wieder »Brrrrr« sagen. Machen z. B. Lehrerin und prognosegefährdeter freier WDR-Lokalredakteur beim Schlittenfahren auf Idiotenhügel im Stadtpark. Und wenn man nach Hause kommt, gemeinsam das FOCUS-Kälterätsel lösen: Was ist Huna Misel b äl shc r, I Chrunsen?
Für Lösung bitte Buch drehen!

Lösung: Hans Meiser, Bärbel Schäfer, Ilona Christen im RTL-Videotext.

Die kleinen Schweinchen

Heute ist es mir eine Freude und ein Bedürfnis, auf einen Vorschlag von FOCUS-Leser Wolf Nisslmüller aus 10829 Berlin einzugehen. Er schreibt mir: »90 % der Männer waschen sich nicht die Hände nach urinieren... Extrem fällt es mir auch in Lokalen auf, wenn man mal neben dem Kellner oder Koch am Pissoir steht. Die greifen dann Ihr Stück Fleisch an, Ihr Brot, die Ananasscheibe Ihres Drinks...«
Prost Mahlzeit Herr Nisslmüller. Auch ich habe schon ähnliche Beobachtungen gemacht. Allerdings war ich immer dankbar zu sehen, daß der Koch zur Erledigung eines menschlichen Bedürfnisses wenigstens ein Pissoir benutzt. Denn an den Töpfen sind wir ja nicht dabei. Doch möchte ich die Gelegenheit nutzen, um mich zu outen: Ich gehöre zu den 90 %! Zwar drehe ich immer den Wasserhahn auf, um denen, die draußen vorbeigehen (und gehen nicht jetzt im Advent zu viele draußen an uns vorbei?) eine Handwaschung vorzutäuschen, doch kann ich auf öffentlichen Toiletten den Pilatus in mir zugeben. Während das Wasser läuft, klopfe ich mir meistens die Schuppen vom Pullover, oder ich drücke mir einen Mitesser auf der Nase aus. Die Waschbecken sind nämlich fast immer zu klein, die Siebe in den Wasserhähnen verkalkt und wenn man jetzt nochmals die Hände drunter hält, dann sieht es schnell so aus, als hätte man sich – vornehm ausgedrückt – vollgepißt. Zur perfekten Tarnung führe ich sogar beim Verlassen der Toilette Trocken-Schüttelbewegungen mit den Händen aus, so als schüttelte ich kleinste Tropfen Resthändewaschwasser von mir, bis sie in den unendlichen Weiten des Universums zum großen Nichts werden.

P. S.: Demnächst erscheint in dieser Reihe ein Essay über Tante-Emma-Ladenbesitzer, die ihr Geschäft durch einen schmuddeligen Vorhang betreten, und sich dabei mit dem Zeigefinger Speisereste zwischen Oberlippe und Oberkiefer holen.

Capriccio

Neulich saßen wir so in gebildeter Runde beisammen, da warf einer den Begriff »Capriccio« ins muntere Treiben. Hei, da war so bald des Scherzens kein Ende! Ob es sich dabei nicht um jene dünngeschnittenen Rindfleischscheiben handele, war von einer Seite zu hören. Gibt's auch vom Lachs. Ein anderer rief listig: Das ist doch der Kaffee mit geschlagener Milch. Als die launige Gesellschaft sich wieder beruhigt hatte, erfuhren wir von einer demnächst getrenntlebenden Allgemeinmedizinerin, daß »Capriccio« auf italienisch soviel bedeutet wie Laune und es sich dabei in der Kunst um eine »Vedute« handelt, die verschiedene Architekturteile willkürlich zusammenfügt, die ansonsten voneinander getrennt sind. Sie werden idealisiert zur Ideallandschaft als »Sammelvedute«.

Nein, eiliger Leser, schäme dich nicht, wenn der Begriff »Vedute« in deinem bisherigen Leben noch keine Rolle gespielt hat. Auch der Verfasser dieser Zeilen hielt »Sammelvedute« bisher für ein mögliches Schimpfwort, mit dem am Ende des 19. Jahrhunderts in hanseatischen Familien in Gegenwart der Kinder vielleicht eine Weibsperson mit häufig wechselnden Geschlechtspartnern charakterisiert wurde (Frau Hansen, die alte Sammelvedute).

Doch weit gefehlt! »Vedute« ist die naturgetreue Ansicht einer Stadt oder Landschaft als Gemälde. Ehrlich!

Wie ich so weiter in meinem Wörterbuch der Kunst von Jahn/Haubenreisser blättere, stoße ich auf den Begriff »Treppe«. Hätten Sie gewußt, daß die Treppe sich aus Hilfsmitteln zur Überwindung von Höhenunterschieden sowie aus mythisch begründeten Stufenfolgen entwickelte? Sehn Se!

Überhaupt bewundere ich Menschen, die bei scheinbar völlig eindeutigen Namen immer mit völlig abwegigen Assozia-

tionen antworten können. Nikolaus? Ach, du meinst Nikolaus von Verdun, den lothringischen Goldschmied und Emailmaler, der vor allem durch seine virtuose Grubenschmelztechnik unvergessen geblieben ist (siehe auch O. v. Falke und H. Franzberger, »Dt. Schmelzarbeiten des Mittelalters«, 1904).
Am meisten aber liegen mir Vorruheständler am Herzen, welche mir mit debiler Restbräune im Gesicht in Billigdrogerien auflauern mit dem Satz: »Ich hab' 'nen Gag für Sie.« Sodann folgt eine garantiert pointenlose Geschichte, in welcher der Vorruheständler bei einem Autoverleiher auf Teneriffa einer anderen Kundin einreden wollte, es gäbe nur Ferraris zu leihen. Folgt Husten-Würg-Anfall mit Auflegen seiner gelben Raucherhand auf meinen Unterarm.
Sehr kapriziös!

Kristies und Sossebies

Fast wäre durch die Veröffentlichung leicht negativer Wirtschaftsdaten in den vergangenen Wochen verdrängt worden, daß sich auf dem Kunstmarkt bereits zu Beginn der neuen Saison Erstaunliches zuträgt.
Die Altmeisterauktionen von Christie's (sprich: Kristies) und Sotheby's (sprich: Sossebies) in New York (sprich: Nujohk) brachten insgesamt fast siebzig lockere Millionen Dollar (sprich: Dollor) in die Kassen der beiden Auktionshäuser. Dabei hat Sossebies (schreib: Sotheby's) derzeit ein kleines Skandälchen am Hals (Mailänder Mitarbeiter ging als Kundin getarnter Journalistin mit kleiner Kamera in großer Brosche auf den Leim, wg. Bilderschmuggel aus Italien nach London). Doch zurück zur Welt von Pinsel und Leinwand, auch bekannt als Welt von Filz und Fett sowie Spachtel und Acryl (vergl. auch Welt von Kohle und Papier). Man braucht wirklich keine vier Wände im Museumsformat, 8,5 mal 9 Zentimeter Platz hat doch wohl jeder zwischen Setzkasten und weinendem Harlekin an der Wand im Flur. So groß ist nämlich Goyas »Judith und Holofernes« (sprich: Holoooofernesss), in Kreide und Wasserfarben auf Elfenbein, leider schon weg für 880000 Dollar (sprich: achthundertachtzigtausend). Wem 76,5 Quadratzentimeter ein bißchen klein für 880 000 Dollar erscheinen, der sollte mal bei Rembrandts Bärtigem nachmessen. 10,8 mal 7 Zentimeter (75,6 cm^2!) brachten 2,7 Millionen Dollar für seinen Besitzer Saul Steinberg, was einem Quadratmeterpreis von pimaldaumen 32 Millionen Dollar entspricht. Richtig günstig erscheint da ein weiteres, ziemlich großes Bild aus der Sammlung von Herrn Steinberg: »Die Pest in einer antiken Stadt« von Michael Sweerts für 3,5 Mio Dollar. Bedenkt man, daß das Bild 1984 für 1,2 Mio Dollar erworben wurde, scheint die Rendite im Altmeisterbereich die einer Alterszusatzversicherung relativ deutlich zu übertreffen.

Wußten Sie übrigens, daß Patti Smith auf ihrem ersten Plattencover (Foto: Robert sprich Mäbblsoorb) aussehen wollte wie eine Mischung aus Rimbaud, Baudelaire, Frank Sinatra und Jean-Luc Godard? Die Platte hieß übrigens »Horses« (sprich: Gäule). Ist vielleicht von einem deutschen Plattenkünstler der Wunsch überliefert, auszusehen wie eine Mischung aus Günter Grass, Heinrich Böll, Harald Juhnke und R. W. Fassbinder? Wir wissen es nicht, aber wir wissen, daß die »Wunderbare Brotvermehrung« von Tintoretto schon weg ist. Für 220 000 Dollar.

P. S.: Darf eine Proust-Übersetzerin »Erde« als Synonym für »Festland« benutzen?

Zeitlese

Ist mir da was entgangen? Auch im Feuilleton der »Zeit« lese ich kürzlich von Al Pacinos atemberaubender Schauspielkunst. War sie nicht jahrelang atemberaubend? Ist da eine neue Sprachpräzision entstanden, die plötzlich Sinn macht, wo etwas immer Sinn hatte?

Erinnern wir da eine Situation, wo uns früher etwas an etwas erinnert hat?

Kurz: Macht es Sinn, wenn wir uns hin und wieder Al Pacinos atemberaubender Schauspielkunst erinnern?

Und plötzlich merkst du (statt altertümlich: merkt man): Viel zu lange hattest du keine Zeit, die »Zeit« ausführlich zu lesen. Auf einmal, irgendwo auf der Insel des anderen Gesichts, liest du den ultimativen Artikel über Tic Tac Toe. Den kulturhistorischen Kurzabriß über »Liane« Lee Wiegelmann, Liane »Lee« Wiegelmann und Liane Lee »Wiegelmann«. Begreifst, was Iserlohner Schule meint: Horkheimer und Adorno (Hauser und Kienzle, Hennes und Mauritz?) meet Jazzy, Lee und Ricky: »Eskapismus ist eine Kreisbewegung zurück zum Ausgangspunkt« oder: »Das Vergnügen befördert die Resignation, die sich in ihm vergessen will.« Besser lassen sich die Interpretinnen von »Verpiß dich« nicht beschreiben: Fehlt noch der Bezug auf Gertrude Stein: »Ein Tic ist ein Tac ist ein Toe« und die Frage, was wohl passiert wäre, wenn Jazzy, Lee und Ricky J.-P. Sartre und seiner Teilzeitlesbe in die Quere gekommen wären. (»Die Scheiße, das sind die anderen?«)

Im »Zeit-Magazin« fällt unsere Aufmerksamkeit auf Siri Hustvedt, die ziemlich toll aussieht und die 1,80 Meter große Frau von Paul Auster ist. Paul Auster hat unter anderem das Drehbuch zu »Smoke« geschrieben, was aber ohne Harvey Keitel ein ziemlicher Raucherquasselfilm gewesen wäre, wenn ich mich recht erinnere, hihihihihi.

Siri ist auch Schriftstellerin, und es nervt sie, dauernd auf Paul angesprochen zu werden. Verständlich, deutsche Schriftstellerinnen werden auch nicht dauernd auf ihre berühmten Männer angesprochen (Johann Wolfgang Lind, Gabriel García Heller, Rainer Maria Erhard). Auf einem Foto sieht Siri Hustvedt besonders sexy aus, ein bißchen wie Uma Thurman. Sie trägt darauf einen kurzärmeligen Rollkragenpullover, und der erfolgreiche Paul hat von hinten seine Arme um sie gelegt. Paul sieht auf dem Foto übrigens ein bißchen aus wie ein Doppelgänger von Björn Engholm aus Bangladesch. Höchste Zeit, daß die schöne Siri mal auf Lesetour nach Deutschland kommt, zumal der Schriftsteller Don DeLillo, den der Cheflektor meines Vertrauens für einen der Größten seiner Zeit überhaupt hält, große Stücke auf Siris Bücher gibt. Kurze Zeit später habe ich übrigens eine Heuschrecke aus dem Pool gerettet. Über das grandiose Flugverhalten und die Entwicklung der Nerven bei Heuschrecken stand auch ein sehr interessanter Artikel in der »Zeit«. Gerade in Zeiten nachlassender Demonstrationskultur sollte unser Respekt vor Insekten beträchtlich wachsen.
Fazit: das Leben – ein einfaches Eisengestell ohne Matratze.

Das Kirchenjahr

Es gibt Zeiten, da diktiert sozusagen der Kalender das Thema.

Oft nicht das Schlechteste, weil gerade über diese Themen ja schon alles gesagt ist. Grund genug also, es nochmal zu tun, natürlich aus völlig neuer, epochemachender Perspektive. Gut auch zur Selbstkontrolle: Wann bin ich als Lohnschreiber so tief gesunken, daß ich einen Text liefere zum Thema »Konsumterror an Weihnachten«, mit einer Überschrift im Stil von »Süßer die Kassen nie klingeln«?

Vorsicht, Weihnachtsfeier!

Unsere knallharte Leistungsgesellschaft wird dieser Tage – wie alle Jahre wieder – besinnlich. Auf allen Fluren und in allen Büros duftet und bröselt es festlich, Vorbereitungen für die beliebten Weihnachtsfeiern werden getroffen, häufig eine elegante Umschreibung für sexuelle Belästigung und Mobbing mit adventlichem Antlitz.

Auch wenn die Weihnachtsfeier nach offiziellem Dienstschluß beim Italiener, Griechen oder Türken stattfindet, stimmt man sich bereits tagsüber am Arbeitsplatz gerne mit einem Gläschen Sekt ein. Hierbei kann es bereits zu beiläufigen Körperkontakten kommen, ein neckisches »Nicht erschrecken, ist bloß der Nikolaus«, wirkt gleich viel aufmunternder, wenn die Kollegin dabei von hinten ebenso fest wie überraschend umklammert wird. Hierbei gilt Weihnachtsfeiermerksatz 1: Kolleginnen, die sich wehren, wollen es erst richtig.

An der festlich dekorierten Tafel (Tannenzweig, rote Kerzchen) empfiehlt sich abends zunächst der Flirteinstieg mit humanistischem Background: »Wußten Sie schon, daß das zu Beginn des 11. Jahrhunderts entstandene Perikopenbuch Heinrichs II. nicht in gotischer, sondern in karolingischer Minuskel geschrieben ist, der gängigen Buchschrift vom Ende des 8. bis zum 12. Jahrhundert?« Sollten die Augen der angesprochenen Dame bei dieser Frage nicht sofort glasig werden, legt der Herr einfach die Hand auf den Oberschenkel der Mitarbeiterin und knabbert am Oberschenkel mit der Frage: »Wie lang bist'n Du schon bei uns?«
Weihnachtsfeiermerksatz 2: Kolleginnen, die die Hand wegschieben, wollen es erst richtig.
Wichtig für die gelungene Weihnachtsfeier ist, daß Humor-

und Alkoholpegel parallel ansteigen. Sieht man beispielsweise auf dem Weg zur Toilette eine Kollegin, die nicht die passenden Münzen für den Zigarettenautomaten hat, kann ein saloppes »Na, Schwierigkeiten beim Reinstecken« lang andauernde Heiterkeitserfolge erzielen.

Nach Ende der Feier empfiehlt es sich, rechtzeitig die besten Plätze für den spontanen Austausch von Körperflüssigkeiten zu sichern. Für die Kombination Abteilungsleiter/Teilzeitkraft empfehlen sich die Mäntel und Kunstpelze an der Garderobe (funktioniert nur stehend und ohne allzu heftige Gegenwehr).
Gummipflanzen in Hydrokultur bieten häufig nur mangelnden Sichtschutz vor dem, was Azubis von stark alkoholisierten Führungskräften der mittleren Ebene zu ertragen haben. Hier gilt, speziell für den Herrn ab 50, Weihnachtsfeiermerksatz 3: Azubis, die sich wehren, treten häufig richtig zu!

Verregnete Pfingsten

Die verregneten Pfingsten boten Gelegenheit, all das zu erledigen, was schon lange hätte erledigt werden müssen. Also erst mal die Quittungen, Belege und Rechnungen sortieren, die sonst während der Woche einfach in die Schublade fliegen. Dabei finde ich mehrere Schlüssel, von denen ich nicht weiß, wohin sie gehören. Das ist mir schon mehrfach passiert, und jedesmal wollte ich die Schlüssel wegwerfen. Ich habe sie aber immer wieder aufbewahrt, weil ich dachte, vielleicht fällt mir noch mal ein, wozu die Schlüssel passen. Auch diesmal lege ich die Schlüssel wieder zurück.
Nicht, weil mir noch mal einfallen würde, welch jungfräuliches Schloß nach diesen Schlüsseln lechzt, aber warum sollte ich sie jetzt wegwerfen, wo ich sie doch bisher nicht weggeworfen habe? Die fressen ja kein Brot, sagt der Volksmund. Wäre ich ein Dichter, glitten meine Gedanken jetzt ab ins Reich der Phantasie, und vier Schlüssel schlichen sich – klimper, klimper, trapp, trapp, trapp – des Nachts in die Küche und kicherten leise: »Hihihi, du glaubst, wir fressen kein Brot. Aber wir knabbern an deinen Cornflakes, lecken Olivenöltropfen vom Flaschenhals und schlürfen Weinreste aus den Gläsern. Hernach legen wir uns satt und dick in die Schublade zurück, und du weißt nicht, in welches Schloß wir gehören. Ätsch!«
Kontoauszug Nr. 16 muß doch irgendwo zu finden sein, 15 und 17 habe ich ja auch. Endgültig den Weg alles Irdischen gehen an diesem Pfingstmontag ein vergilbtes Glückwunschfax zum Start von »Verstehen Sie Spaß?« sowie die total versiffte Visitenkarte der angeblich besten Crêperie der Bretagne. Kaum erzählt man jemandem, wohin man in Urlaub fährt, schon kriegt man tausend Tips, wo man unbedingt hinmuß. Der beste Kaffee, die besten Gambas, die geilsten Weiber. Dann fällt mir der Brief einer Schülerin in die Hände, die

sich mir körperlich schenken will, weil ich sie an ihren Englischlehrer erinnere. Sie käme überall hin, ideal wäre Ende April/Anfang Mai, dann wären ihre Eltern im Urlaub. Natürlich respektiere ich ihren Wunsch, den Brief unter gar keinen Umständen irgendwo zu erwähnen, und leite ihn weiter an Mike Tyson.

Zufällig finde ich ganz hinten in der Schublade eine Kassette »Best of John Belushi«. Da muß ich doch mal reinschauen, ich glaube, da ist der Sketch drauf »Der Pate beim Psychotherapeuten«. Leider habe ich wieder vergessen, auf welchen Kanal ich den Fernseher schalten muß, damit ich Video schauen kann. So lande ich in einem Interview mit Anke Huber bei den French Open. Plötzlich klingelt es. Draußen stehen **John Belushi** und **Mike Tyson,** und wir gehen Rollerblades fahren.

Advent, Advent

Wachet auf, ruft uns die Stimme! Nun haben wir gerade den ersten Advent hinter uns und stellen alle Jahre wieder fest: Auch der äußerst kritische Antichrist hat es in der Vorweihnachtszeit gern warm ums Herz. Bei unangemeldeten Hausbesuchen erwischen wir hartgesottene Negativisten am Adventskranz, und sei er auch in der Protestbastelversion (vier Kondensmilchbüchsen, mit einer Schnur zusammengebunden und Kerzen drin).

Gerade an Samstagen glauben sich viele Amateurzyniker und Freizeitnihilisten unbeobachtet, wenn sie Reisiggestecke vom Markt in ihre sanierten Altbauwohnungen schleppen. Auf frischer Tat ertappt, bricht unaufgefordert ein wahrer Schwall an Entschuldigungen aus ihnen heraus: »Meine Schwester kommt mit den Nichten« oder »Ich kann zwar mit dem ganzen Scheiß nix anfangen, aber der Duft ist so geil.«

Viele scheinen auch weniger mit der Vorbereitung auf die Ankunft des Herrn als vielmehr mit Aufräumarbeiten für den alljährlichen Besuch der Mutter beschäftigt zu sein. Da muß so manche Ledermontur im Schrank verschwinden, und wer heute noch kreischend durchs Lokal kellnert – hier ein Hoch und dort hoch – der geht morgen im Zopfmusterpulli mit Mutti zum Adventssingen. So wird man auch in diesem Jahr zum Fest in Bielefeld berichten: Das Studium läßt einfach keine Zeit für Mädchen.

Kaum zu glauben, wer alles gepierct am Stövchen sitzt. Neulich beobachtete ich zwei Punks in der Schlange am Geldautomaten. Nicht, weil sie jemanden ausrauben wollten, sie haben ganz solide mit ihrer Karte abgehoben. Dabei sagte die Gelbhaarige zu der mit den Zuckerwasserrastazöpfchen: »Die Martinsgans von meiner Mutter war apfelgeil!«

Aber hallo! Sex Pistols go Schützenverein! Doch ist die Zeit des »Tauet Himmel, den Gerechten« nur die Vorbereitung auf die psychisch härtesten Tage des Jahres. Vor allem der nahende Heiligabend wird zu einem echten Krisentag für viele, die während des Jahres tapfer und bemüht den bürgerlichen Zwängen ins Antlitz spucken. Häufig endet ein kesses »Heiligabend bin ich grundsätzlich in der Kneipe« mit Heulkrämpfen am Telefon. Irgendein S/M-Hirte am anderen Ende hebt auch in dieser Nacht den Hörer ab. Man wird ja wohl noch Weihnachten feiern dürfen!

Literarische Welt

Dann und wann lese ich ein Buch, welches mich solchermaßen beeindruckt, daß ich dieses der gierigen Leserschaft sofort mitzuteilen gezwungen bin.

Manchmal faszinierten mich gewisse Stilmittel derart, daß.
Wie zum Beispiel jener Autor, der.
Faszinierend, einfach mitten im Satz.
Und neulich überkam mich dann plötzlich jene Klarheit, die einen sicher nur
erreicht, wenn man sie nicht sucht.

Das journalistische Credo des großen Peter »Pepe« Boenisch: »Es gibt nur Hauptsätze. Nebensätze sind was für Thomas Mann.«
Cool, oder?

Außerhalb des Hühnerstalls

Obige Überschrift mag vereinzelt Irritationen auslösen, Angehörige der gebildeten Stände werden jedoch ausrufen: Potzdaus, diesen Titel kenne ich, hieß er doch im Original Hors du Poulailler und kennzeichnete eine Kolumne, die ab November 1919 täglich in einer Zeitung erschien, deren Konkurrenzblatt La Möse ausgesprochen wird. Zumindest mit meinem Akzent.

Sie, geneigte Leserschaft, werden begierig sein zu erfahren, daß der Autor besagter Kolumne später ein weltberühmter Schriftsteller wurde, der nicht nur fünfhundert Millionen Bücher verkauft, sondern nach eigenen Angaben auch mit zehntausend Frauen (incl. achttausend Prostituierten) geschlafen hat, wobei seine zweite Ehefrau diese Zahl dementierte, nach ihrer Rechnung waren es nur zwölfhundert.

Worüber schriebe heute einer, der täglich innerhalb einer Stunde dreihundert Wörter zu liefern hat? Schriebe er vielleicht über die junge Dame, die mit Daimler-Benz-Chef Jürgen Schrempp in der Ewigen Stadt unterwegs war, »in fröhlicher Stimmung und mit einer Flasche Wein in der Hand«? Über eben jene Dame, welche sich in »inopportunen Worten« an die römischen Beamten gewandt haben soll, welche die Papiere sehen wollten. Würde er rätseln, wie die inopportunen Worte lauteten? Vielleicht »Spaghettifresser«? Oder »dreckiger kleiner Itaker«? Wir wissen es nicht, und dies ist nicht der Platz für Unterstellungen. Oder schriebe er über eine berühmte Rüsselsheimer Automobilfirma, die viele Wagen zurückrufen mußte, weil jetzt sogar bei den Autos der Lack ab ist? Doch halt. Schon spüre ich, daß vielen der Name des berühmten Autors noch ein Rätsel ist! Jener Autor, der so schöne Sätze schrieb wie »Als er sich wieder aufrichtete, wußte er, daß er Witwer war«, und der freimütig bekannte: »Ich habe öfter hinter einer Tür geliebt, als in einem Bett.«

Auch führte er ein Interview (drei schriftlich eingereichte Fragen!) mit Trotzki, bevor dieser an einem Pickel in der Stirn starb. Nun aber genug der Hinweise für unser kleines literarisches Sommerrätsel. Obwohl unser Autor in diesem Magazin sicher auch auf einer Liste der zehn Autoren mit den erfolgreichsten Kommissaren, den häufigsten Wohnungswechseln und dem größten Wortschatz einen Spitzenplatz einnehmen würde. Wenn Sie jetzt immer noch nicht wissen, um wen es sich handelt, dann kaufen Sie die neueste Biographie von Patrick Marnham oder – Platz 1 auf der Liste mit den plattesten Hinweisen: Fragen Sie Kommissar Maigret.

Mein erster Gordon

Neulich fiel mir ein, daß ich noch nie ein Buch von Noah Gordon gelesen hatte, obwohl er Millionen Exemplare in aller Welt verkauft und mit seinem neuesten Werk »Die Erben des Medicus« bei uns auch schon wieder auf Platz 1 der Bestsellerliste steht. Da waren mir die 44 Mark in der Bahnhofsbuchhandlung in Kassel/Wilhelmshöhe nicht zu viel, denn sogleich tauchte ich in die wunderbare Welt eines Bostoner Krankenhauses, wo ich Dr. R. J. Cole kennenlerne, die weibliche Hauptfigur des Romans.

Dr. med. Cole ist Anfang vierzig, ihre Ehe am Ende, und außerdem wird sie von militanten Abtreibungsgegnern bedroht – Zeit also, den roten BMW gegen einen Ford Explorer zu tauschen und in den Hügeln des westlichen Massachusetts als Landärztin tätig zu werden. Dort lernt sie David Markus kennen, Ex-Rabbi und seit dem Selbstmord seiner Frau alkoholkranker Immobilienmakler. Da er die langen Pferdeschwanzhaare täglich wäscht und gepflegte Fingernägel hat, kommen sich die beiden näher, lieben sich auf Reisig im Wald und baden anschließend nackt im Fluß, wobei sie Gespräche führen, die nach einem dialogisierten AOK-Prospekt klingen.

Mehr als 30 Millionen Amerikaner haben nämlich keine Krankenversicherung, das wird im Roman durchgehend angeklagt, und als auch noch ein reicher Senator im Fernsehen gegen die Reform des Gesundheitswesens wettert, kuschelt sich Dr. Cole an den alkoholkranken Ex-Rabbi und denkt meinen Lieblingssatz im Buch: »Die Nacht war so kalt wie das Herz des Senators.«

David hat auch eine siebzehnjährige Tochter, Sarah. Die wird schwanger, und nach einem menschlichen Gespräch am Küchentisch vermittelt Dr. Cole ihr einen Abtreibungstermin in Boston, ohne daß Daddy was weiß, weil er sonst ja vielleicht wieder trinkt. In der Narkose zuckt Sarah ungünstig mit der Hüfte, was zu einer Perforation der Gebärmutter führt, was aber medizinisch auch kein Problem wäre, wenn Sarah nicht gleich ihrem Pferd Chaim nachgerannt wäre, das den einzig morschen Pfahl im Zaun umgerissen hat. Nach wenigen Stunden ist Sarah verblutet, was Dr. Cole schon vorher spürte, denn sie besitzt »die Gabe«. Wenn sie einem die Hände reicht, strömt's bei ihr und sie spürt, ob einer nicht mehr lange hat.

Dann passiert noch ziemlich viel und David ist weg und kommt wieder und als Dr. Cole ihn endgültig wegschickt, kriegt sie kurz danach einen Riesenhunger und ihre Brust spannt sich, und das Ende ist sowas von happy: Dr. med. R. J. Cole, 44, allein in Massachusetts, schwanger von Ex-Rabbi, der nix davon weiß!

Noah Gordon hat einen neuen Fan.

Jerry Cotton ist tot

Es war nur eine 14zeilige dpa-Meldung: Heinz Werner Höber, der Schöpfer des Agenten Jerry Cotton, ist am 15. Mai im Alter von 64 Jahren in Berlin gestorben.

Obwohl ich während meiner Schulzeit mehr als 200 Jerry-Cotton-Heftchen gelesen habe, war mir der Name seines Erfinders kein Begriff. Damals hieß es immer, Jerry Cotton »wird von verschiedenen Autoren für ganz wenig Geld pro Zeile geschrieben«, und obwohl die Autoren nie New York besucht hätten, stimmten alle Fahrtrouten und die Zeitangaben.

Deutsche Seeleute hätten es während eines Landurlaubs in Manhattan überprüft. Mich faszinierte es immer grenzenlos, wenn Special agent Cotton mit seinem Jaguar durch den Holland-Tunnel fuhr. Ich konnte mir als Schüler nämlich nicht vorstellen, daß ein Tunnel nicht durch einen Berg führen, sondern auch unter Wasser liegen konnte.

Eine Zeitlang prägte der Jerry-Cotton-Stil auch meine Schulaufsätze. Formulierungen wie »Das Girl war schon mindestens zwei Stunden tot« lagen mir irgendwie näher als die »Anrufung des Großen Bären«. Meine absoluten Lieblingssätze waren »Phil schob sich auf meinen Schreibtisch« und »Ich fischte mir eine Camel aus der Packung«. Ganz aufgeregt wurde ich immer, wenn Jerry und sein Freund Phil zu ihrem Chef, Mr. High, gerufen wurden. Dann gab es immer ganz heikle Spezialaufträge, für die Phil und Jerry auf der FBI-Akademie in Quantico geschult worden waren. Bei solchen Spezialeinsätzen kam es darauf an, ganz schnell mit der Handkante die Halsschlagader des Gegners zu treffen, um ein dumpfes Plopp-Plopp aus der Schalldämpfermündung zu verhindern.

Auf dem Schulhof teilten wir uns in Jerry-Cotton-Leser und Perry-Rhodan-Fans. Aus den Cotton-Leuten ist was gewor-

den, die Rhodan-Jünger haben Maschinenbau und Elektrotechnik studiert. Schon Wochen vorher haben wir uns gefreut, wenn ein neuer Jerry-Cotton-Film mit George Nader (Jerry), Heinz Weiss (Phil) und Richard Münch (Mr. High) angekündigt wurde (frei ab 16).
Weltweit 700 Millionen Exemplare wurden von Jerry-Cotton-Heften verkauft. Diese Zahl hämmerte in meinem Kopf, als ich die Buchhandlung betrat und dem Dealer meine 38er Smith & Wesson unter die Nase hielt. »Einmal die Biografie ›Der Mann, der Jerry Cotton war – Erinnerungen des Bestsellerautors Heinz Werner Höber‹ von Jan Eik«, zischte ich hervor, dann sackten mir die Beine weg, und an meiner linken Schulter wurde es warm.

Moderne Kinderbücher

Zu meiner Zeit war die Welt in den Kinderbüchern eindeutig. Meistens sollte der Kasper von einem bösen Räuber in den Wald gelockt werden, dann kam die Polizei, schlug dem Räuber auf den Kopf, und alles ging wieder seinen Gang.

Heutzutage vermitteln schon Bilderbücher für die Kleinsten ein Weltbild, das entschieden Unterstützung verdient. Eine Hauptfigur darin ist der »spülende Vati«, auch in der Variante »Vati füttert den Familienhund« oder »Vati macht Frühstück«. Dabei trägt Vati stets einen Pyjama, während Mutti entweder mitten in der Küche steht und Zeitung liest oder im Nebenzimmer telefoniert.

In dem Büchlein meiner Kindheit war der ausländische Mitbürger entweder ein Mohr, der den Sonnenschirm trug, oder ein finster dreinblickender Südländer (mit leichtem Touch ins Rümanische). Heute ist dieser uns fremd erscheinende Kulturkreis bilderbuchmäßig integriert. Wenn Vati Frühstück macht, sitzt immer ein asiatisches Mädchen mit am Tisch. China? Thailand? Etwas mehr zeichnerische Genauigkeit könnte hier Pauschalisierung vermeiden helfen.

Ein Klischee allerdings kann auch das modernste Kinderbuch nicht vermeiden: Den krankfeiernden Balkanesen, der sich mittels Kinderreichtum in unserem sozialen Netz pudelwohl fühlt. Mit mürrischer Miene, Pelzmütze und vollbärtig, steht er vor der Schule, seine ganzjährig gefütterten Puschen an den Füßen und: Arm in Gips! Werden hier nicht Vorurteile geschürt, die später kaum noch aus dem Kinderhirn zu löschen sind? Welch harter Kontrast zur geglückten Darstellung des unverkrampften Umgangs mit Behinderten. Ein Mädchen, im Rollstuhl zwar, dennoch lächelnd, wird von einer lieben älteren Dame Richtung Ampel geschoben, während zwei sogenannte nicht-behinderte Mitschüler sie fröhlich anspringen. Wenn mein Gedächtnis mich nicht trügt, kommt auf diesem Bild auch der Spül-Vati mit zwei Leinentaschen vom Einkaufen. Harmonie überall, nur der kinderreiche Transsilvaner blickt finster. Bitte ändern!

P. S.: Mein Lieblingskinderbuch ist immer noch das, in dem Marder Hugo dem Osterhasen die Eier klaut. Er liegt fröhlich unter einem Baum, und die ganze Hasenfamilie sieht ziemlich blöd aus.

Hanz Mahgnuß N-tsensbärga

Daß ißt mahl wider tübbisch! An Statt das unsere Schriftstähler ändlich ainen Nobellpreiß holen, nix wie Brotescht gegn eine Rechtsschreibrephorm, die wo mal allen zeigt, wie was geschrieben wirt, die sonnst rechtsschreibmessig von Duden und blahsen Kaine Annung habn.
Tsum Bayschbiel will sich Hanz Mahgnuß N-tsensbärga waigern, in Tsukunft den Satz »Voll Hass lutscht die Gämse am rauen Stängel« dermaßen zu schreiben (vegl. befreundetes HH-Nachrichtenmagatsien).
Bei einem, der wo sowas macht und echt noch andere auffordert, dasss Sie daß auch praktisch machen tun, da tuts mir total leid, daß ich mal Geld zahlt hab für das Buch wo der Herr N-tsänzbürger geschrieben hat und was haist »Middlmaas und Wann«.
Aber auch Walta Kämmbowwsgi sagt, genau wie Enndzänßbergr, fiel wichtiga alls Korregde Orttogravieh oder, satstseichen? – am richtigen!, plats und grohsundgleinschreybung ißt der innhalt, das wo gesagt wird, das ißt vür ain Buhch so wichdich wie ein rauer Stängel für Gämse.
An dihser Ställe wirt waitahin mit aller leydenschafft in XXL gegn die Verhundsung der doitschen Sprahche gekempfft werden. Gegn daß Värgässn, damit kein Grass über die Sache wächst.
Denn wie sagt der Folksmund: Erst wenn die letzte Gämse voll Hass am Stängel kaut, werdet – Ihr? merken;): Auch das Glücksrad steht still, wenn das Alfabeet es will.

It's a wonderful world

Bovine Spongiforme Enzephalopathie

Nein, das ist keine neue Supergruppe des Brit-Pop. Es handelt sich hierbei um das aktuelle Top-Angebot im internationalen Panikgeschäft, bekannt und gefürchtet unter dem Kürzel BSE, im Volksmund (Schluck!) »Rinderwahnsinn«.
Standen viele Empfindsame bislang noch vor der Frage, ob man mehr aus dem Kopf oder dem Bauch leben solle, scheint BSE diese Frage kompromißlos zu klären: via Bauch direkt ins Hirn. Es hat den Anschein, als ob dreißig Jahre nach den Beatles wieder mal was aus England kommt, das die Welt verändert.
Vor allem die deutsche Hausfrau, welche sich vom verstrahlten Blumenkohl bis zum geschützten Analverkehr mutig mit allen Risiken und Schutzvorrichtungen des ausklingenden Jahrtausends befaßt hatte, ist ab sofort bis ins Rindermark getroffen: Kam das Grauen vielleicht schon unbewußt auf den Tisch? Hat Tofu doch mehr Leben gerettet als Ehen zerstört?
Moralisch ist jetzt die ganze Volksgemeinschaft gefordert. Schwule, Fixer, Priester, Bisexuelle, Sextouristen, selbst unschuldige Kassenpatienten im Mehrbettzimmer – fast jeder hat schon mal einen Hamburger gegessen. Keiner darf ausgegrenzt werden, the wrong steak kann uns alle treffen.
Wußte bisher jeder so ungefähr, was ein Virus ist, haben wir es jetzt mit einem »Prion als Krankheitserreger« zu tun.
Mal laienmäßig formuliert, ist ein Prion irgendwie so was wie ein total fieses Virus: Es übersteht mehr als 200 Grad Celsius, Desinfektionsmittel und harte UV-Strahlung.
Ähnliche Eigenschaften waren bisher nur von Angehörigen der Boulevardpresse bekannt.
Wann reagiert Hollywood mit dem Knüller: »Ein Rindvieh namens Babe«?

Safer Bohne

Es scheint, als ob ein neuer Superstar am Panikhimmel aufgeht: Die genmanipulierte Sojabohne! Nachdem das Interesse am bisherigen Jahreshit Rinderwahnsinn bedenklich nachzulassen droht, könnte Soja rechtzeitig zum Weihnachtsgeschäft ein echter Knaller werden.
Denn was der Laie bisher als stinkfades Gemüsezeugs beim Chinesen auf dem Teller ließ, lauert bereits in dreißig Prozent der Nahrungsmittel. Als Öl, als Mehl und als wasweißichnochalles. Damit hat die genmanipulierte Sojabohne (bald Wort des Jahres?) das Zeug zum echten Superstar.
Denn anders als bei BSE (kein Steak), Aids (kein Gummi), oder Malaria (kein Urlaub), können sich der total kritische deutsche Verbraucher und die noch totaler kritische deutsche Verbraucherin vor dem pervertierten Böhnchen nicht schützen: es lauert einfach überall.
Nähere Auswirkungen beim Genuß der Killerbohne sind noch nicht bekannt, Hysterie ist jedoch ab sofort dringend empfohlen.
Denn schon plant die Gen-Industrie weitere Horrorteile: Orangen ohne Schale, Kaffeebohnen ohne Koffein, auch Monsterlachse sind in Arbeit. Bereits jetzt im Angebot – ganz ohne Manipulation – sind Kaffee ohne Aroma, Erdbeeren ohne Geschmack und Verkäufer ohne Ahnung. Doch auch das Rettende wächst: ein Gesetzentwurf zur Kennzeichnung aller gentechnisch veränderten Stoffe in Lebensmitteln wurde »auf den Weg gebracht«. Dies dürfte sensationelle Wirkung zeigen, vergleichbar dem Zusammenbruch der Tabakindustrie durch die warnenden Worte auf den Zigarettenschachteln. EU-Kommissar Bangemann, der die Verbraucher bisher nicht durch unnötige Angaben verwirren wollte, ist übrigens nicht genmanipuliert, sondern sieht wirklich so aus.

P.S.: Wer rettet die Slap-stick-Industrie, wenn erst die Banane ohne Schale erfunden ist?

Castor und Dolly

Dem ehrlichen deutschen Steuerzahler drohte in den vergangenen Tagen eine Doppelbelastung im Katastrophenbereich. Castor-Transport und Klonschaf Dolly. Echt gemein an diesen Bedrohungen: Nur Staatsbürger mit deutlich höherem Schulabschluß sind einigermaßen in der Lage, die neuen Apokalypsen genauer zu begreifen. Waren es bisher der gute, alte Krebs, das etwas zeitgemäßere AIDS oder ein solider Atomtest, die besorgte Hausfrauen in morgendlichen Rundfunksendungen zum Hörertelefon greifen ließen, so scheint jetzt ein Abendgymnasiumkurs in Atomphysik oder ein VHS-Kurs in Gentechnologie die Mindestvoraussetzung zu sein, um die drohenden Desaster für den interessierten Laien verständlich werden zu lassen. Wußten Sie etwa, verehrte Leserschaft, daß der normale Reisende auf einem Retourflug Frankfurt–New York einer Strahlendosis von 0,1 Millisievert ausgesetzt ist? Kannten Sie überhaupt den Begriff »Millisievert«? Und was ist mit den guten, alten Becquerel, die uns aus der Tschernobylzeit so vertraut sind? Die Bundesumweltministerin informiert: 10 Computertomographien entsprechen der Strahlenbelastung einer Castor-Transportbewachung.

Hätte man nicht überhaupt weiten Kreisen der Bevölkerung die Angst vor Castor nehmen können, wenn man die schicken Behälter als »Wohnmobil für das nächste Jahrtausend« präsentiert hätte? Ohne Motor und Räder – der Umwelt zuliebe. Kommen nicht jährlich mehr anständige Deutsche im Wohnmobil zu Schaden (Gaskocher, herabstürzendes Klappbett, Vollbremsung durch Vati) als durch einen Castor-Transport? Ist die Angst vor Atommülltransporten noch nachvollziehbar, so sind die Sorgen um Klonschaf Dolly völlig unverständlich. Nicht nur, daß sich Hunderte Frauen klonen lassen möchten (da wollen wir aber vorher die Fotos sehen), ist nicht vielmehr im Zeitalter von Baseballmützen, Doc-Martens-Schuhen und XXXXL-Sweatshirts das Klonen im Genlabor völlig überflüssig? Schafft nicht jede technobedröhnte Boutique mit Namen wie »Mr. X« oder »Joe's« spielend auch auf freiwilliger Basis der Kundendollys, wozu ein Labor hochqualifizierter Wissenschaftler noch Millionen von Forschungsgeldern benötigt?

P. S.: Wo bleiben bei Castor deutsche Rockmusiker mit Solidaritäts-CD »Cas-tor zur Hölle«?

Wuff, Miez, Piep

Ich mag Tiere. Ehrlich. Hunde auf großen Bauernhöfen; Katzen, die noch rasch vor einem LKW über die Straße huschen, vor allem aber den Kampf in der freien Wildbahn, wo Antilope und Gepard, Löwe und Zebra, Kaninchen und Klapperschlange täglich die uns Menschen manchmal schwer verständlichen Gesetze der Natur ins Praktische übertragen.

Gewisse Schwierigkeiten habe ich manchmal mit den Tierfreunden auf beengtem Wohnraum. Aber es ist besser geworden. Seit ich weiß, daß Kampfhunde eigentlich verspielt sind und Katzen in puncto Sensibilität den meisten Menschen haushoch überlegen.

Rosa

Guten Freunden stellt man gerne mal für eine gewisse Zeit seine Wohnung zur Verfügung. Sie wissen ja, wo alles ist, und außerdem kümmert sich jemand um die eigene Wohnung, während man selbst ein paar Tage weg ist.
Was ich nicht wußte: Die guten Freunde haben seit neuestem eine Katze, die sie natürlich nicht alleine lassen können. Überhaupt kein Problem, denn die Katze ist ja total lieb, und die Freunde bringen alles für »Rosa« mit. Rosa heißt Rosa, weil sie den guten Freunden letztes Jahr auf der Fahrt in den Frankreichurlaub in Luxemburg zugelaufen ist. Eigentlich wollte Stefan die Katze auf keinen Fall behalten, dann tut er es aber Kerstin zuliebe, weil Kerstin hatte gerade ihre Operation an den Augenlidern hinter sich. Seitdem hängen übrigens die Augenlider von Kerstin. Eigentlich sieht man es nicht. Nur wenn man es weiß. Vielleicht hätten wir lieber nicht mehr gesehen, wie Rosa einen gelblichen Brei auf die Couch (blau) gekotzt hat (der Streß der Reise), aber leider mußten wir es kurz vor Verlassen der Wohnung noch mitansehen. Kerstin holte ein weißes, extrem saugfähiges und deshalb nicht ganz billiges Badetuch aus meinem Bad. Damit rubbelte sie Rosas Katzenkotze von der Couch. Auf der Couch bildete sich ein heller Fleck. Kerstins Augenlider hingen sehr tief, wie sie so die Katzenkotze wegrubbelte. Stefan hatte währenddessen einen Agenturkollegen in Madrid angerufen. Zehn Minuten. Tagsüber nach Madrid. Dabei stand er vor dem offenen Kühlschrank und aß einzelne Lachsschinkenscheiben direkt aus dem Schrank. Kerstin hätte gerne einen Kaffee gemacht, war aber total fassungslos, weil wir keine Bio-Filtertüten haben, mit dem das Wasser zuerst von Schadstoffen gereinigt wird. War aber kein Problem, dann macht sie den Kaffee eben mit Mineralwasser.
Ob es denn hier in der Ecke gar keine griechischen und tür-

kischen Läden gäbe, wollte die Herrin der hängenden Lider wissen. Nein, nur einen stinknormalen Supermarkt. Wär nix für sie – zu bürgerlich.

Am nächsten Morgen rief ich dann an, ob alles in Ordnung sei, und ob Kerstin und Stefan in der Wohnung zurechtkämen. Stefan klang sehr übermüdet. Kerstin hatte die ganze Nacht kein Auge zugemacht (trotz der hängenden Lider?), Rosa ginge es sehr schlecht, obwohl sie mit ins Bett gedurft hätte. Ausnahmsweise.

Aber sie war ja wirklich nur am Kotzen. Dann kam Kerstin ans Telefon. Sie sprach jetzt mit ihrer Hab-mich-lieb-ich-bin-ein-kleines-Mädchen-Stimme. Sie habe sich ganz warm in meinen Bademantel gekuschelt und könne nur leise sprechen, weil Rosa sich zu ihr in meinen Bademantel gekuschelt hat und schläft. Meine Augenlider sanken auf Halbmast, in Gedanken kraulte ich Rosa das Fell und dachte an den Landwehrkanal.

Maligne Hyperthermie bei Haifischen

Vermutlich haben nicht alle Leserinnen und Leser dieses Magazins die Zeit, intensiv den Wissenschaftsteil der FAZ zu studieren, weil sie mit scheinbar Wichtigerem beschäftigt sind, etwa Trauerarbeit über den Besitz von Daimler-Benz-Aktien.

Deshalb weisen wir als kundenfreundlicher Hypochonderservice an dieser Stelle auf eine Stoffwechselentgleisung bei Narkose hin, mit der Sie sich bei Bedarf kirre machen können: Maligne Hyperthermie, die wahnsinnig häufig vorkommt, nämlich bei jeder 30 000. Vollnarkose. Vereinfacht gesagt, erwärmt sich Ihr Körper dabei auf 43 Grad – und tschüs!

Das Wundermittel dagegen heißt Dantrolen, welches aber in DEUTSCHEN KRANKENHÄUSERN GAR NICHT ODER NICHT IN AUSREICHENDER MENGE VERFÜGBAR IST!!! Deshalb gleich beim Pförtner erkundigen: »Tag, gibt's hier Dantrolen?« Dann schnurstracks mit der Reisetasche ins Zimmer des Narkosearztes. Dieser dankt Ihnen für den Hinweis: »Einmal Vollnarkose bitte, aber ohne Halothan, Succinylcholin, Chlorocresol und Serotonin. Für mich nur Lachgas und Opiumabkömmlinge!

Ob Sie überhaupt zu den Hyperthermie-Gefährdeten gehören, kann durch einen Halothan-Koffein-Kontrakturtest ermittelt werden. Hierbei werden (unter Vollnarkose?) Muskelfasern aus dem Oberschenkel entnommen. Nähere Auskünfte erteilt auch die »Selbsthilfegruppe Maligne Hyperthermie«.
An dieser Stelle muß eine weitere interessante Arbeitsgruppe ins Spiel gebracht werden, die auf den ersten Blick nichts mit

der eben erwähnten zu tun hat, was stimmt. Es handelt sich um die »Arbeitsgruppe Haifischangriffe« in Hongkong. Bislang sind in diesem Sommer drei Tote durch Haifischangriffe an Hongkongs Stränden zu beklagen, und zwar unmittelbar durch den Kontakt Hai – Mensch, an Stränden mit extra dreckigem Wasser und Haifischwarnflagge, ohne Narkoseeinwirkung.

Dr. Burgess aus Florida, ein Haifischexperte, soll jetzt in der Kronkolonie dabei helfen, die Haie zu bannen. Er warnt vor einem Bad, wenn sich das Meer auf über 24 Grad (Hyperthermie?) erwärmt.

Damit keine Mißverständnisse aufkommen: Keinesfalls sollen an dieser Stelle die possierlichen Meerestierchen mit der niedlichen Rückenflosse diskriminiert werden! Wer nicht nachts, allein und mit blutender Wunde ins 25 Grad warme Hongkong-Meer steigt, für den bleibt der Hai beruhigend wie ein Kreiskrankenhaus mit übervollem Dantrolen-Lager. An deutschen Stränden von Sylt bis Mallorca gilt übrigens auch in diesem Sommer der von Greenpeace genehmigte, garantiert umweltfreundliche Warnruf: Zickezacke – Zickezacke – Hai, Hai, Hai!

Gewaltbereitschaft gegen Insektenlebensplan

Neuerdings ist eine große Aggression gegen unsere Insekten zu beobachten. Ob Espandrilla, Holzschuh oder seeigelresistente Gummisandalen – mit allem wird auf eine Lebensform eingedroschen, die doch eigentlich »unseren Schutz verdient hätte«. Denn wahrlich, ist nicht die Daseinsberechtigung einer Ameise größer als die eines Mannes, der mit nichts als einer Dreiecksbadehose bekleidet in die Chartermaschine steigt?
In einer Gesellschaft, die sich widerstandslos die Begriffe »Lebensplan« und »Gewaltbereitschaft« gefallen läßt, steigt die Tendenz, in jedem Tausendfüßler einen Skorpion zu sehen. Kaum einer sieht noch eine normale Mücke auf der Frühstücksmarmelade landen, immer ist es gleich so ein »Drecksvieh, das alles mögliche überträgt«. Kann denn nicht auch die Begegnung mit einer Anophelesmücke von relativierender Wirkung für die eigene Bedeutung in unserer Leistungsgesellschaft sein?
Da ich schon immer ein natürlicher Feind des »draußen Frühstückens« war, nahm ich kürzlich erfreut zur Kenntnis, wie leidenschaftliche Anhänger dieser Unsitte nahezu in Apathie verfielen angesichts zweier Ameisenstraßen unter dem Tisch (Krümelabtransport und Aushöhlen einer toten Wespe), zweier Wespen über der verlaufenden Butter sowie eines »komischen Käfers« am Tischbein und einer »bestimmt giftigen Spinne mit so eklig behaarten Beinen« oben in der Ecke.
Meine besondere Sympathie genossen dabei die Ameisen, die sich absolut resistent zeigten gegen Wasser, Holzschlappen, heißes Wasser, heißes Wasser mit Spüli, »Gift, das in den Bau getragen wird« sowie ein Spray aus dem Hause BAYER. Absolut sinnlos sind auch »Kerzen, die die Mücken anlocken und verbrennen«. Wobei die schönsten Ausschläge nicht durch

Mückenstiche verursacht werden, sondern »durch Sticks, die Mückenstiche lindern«.

P. S.: Wo kann man den Erfinder von »Dschungelmilch« wg. Attentat auflauern?

Katzen-Aids auf Mururoa?

Wow! Diese Überschrift hat Schockerqualität, für die Benetton vermutlich Geld im Ferrari-Tempo überweisen würde. Doch soll sie die Aufmerksamkeit der geneigten Leserschaft kurzfristig von jenem Südpazifik-Atoll lenken, welches nur wenig größer ist als die aktuelle Unterhose des Wahl-Tahitianers Marlon Brando, hin auf ein Problem, welches bisher in schockierender Weise verschwiegen wurde: In Deutschland stirbt etwa jede fünfzigste Hauskatze an Katzen-Aids! Häufig ahnt Frauchen nicht einmal, woran es liegt, wenn Mohrle oder Muschi die Augen schließen.
Zwar hält die moderne Tiermedizin im Bedarfsfall Chemotherapie für Schäferhunde bereit, doch über Katzen-Aids weiß man erschreckend wenig. Gibt es auch bei Katzen Risikogruppen?
Sind streunende Kater eher gefährdet als die bürgerliche Mieze, die nachts auf's Kopfkissen darf? Gibt es schon Reaktionen von Andrew Lloyd Webber? Oder wenigstens von Gerhard Schröder?
Bis die ersten Antworten auf diese Frage eintrudeln, blättere ich mal in meinem alten Geschichtsbuch. Ich möchte nämlich gern wissen, was der Hitler so für ein Typ war. Eigentlich war der ja ganz schlau. Was natürlich nicht heißen soll, daß ich ein Fan von ihm bin. Aber gerade in Sportlerkreisen hört man häufig über Adi dies und Adi das. Klar, im Dritten Reich war vieles echt doof. Aber es gab auch dufte Sachen. Zum Beispiel war Girlie-Mode verboten. Die deutsche Frau durfte schwimmen, aber keine Springerstiefel tragen. Aber in unserer heutigen Demokratie darf sich zum Glück jede als Girlie ausstaffieren. Hierzu ein Tip: Girlies sollten höchstens zwanzig sein, oder zumindest so aussehen. Außerdem muß sich zwischen Springerstiefelschaft und Minirocksaum Bein befinden, und nicht abgeschnürtes Restfett mit Kniescheibe.

Bei Zuwiderhandlung erfolgt Hausbesuch von Nils Bokelberg!

P. S.: Die BASF hat ihren Halbjahresgewinn verdreifacht.

Die im vorliegenden Band gesammelten Texte erschienen zuerst zwischen 1994 und 1997 als Kolumnen in der Zeitschrift »Focus«.

Tom Gerhardt
Aua!

Gedichte aus dem prallen Leben
KiWi 451
Originalausgabe

Tom Gerhardt schreibt Gedichte über Leute, die jeder kennt: den Zocker und den Penner, den Staubsaugervertreter und Otto in »Ballermann 6«, gekonnt und zum Schmunzeln.

Barbara Häusler (Hrsg.)
Asphaltierte Hirschkadaver

Die Gurke des Tages
KiWi 465
Originalausgabe

Man würde es nicht glauben, stände es nicht schwarz auf weiß: 2,9 Millionen Dollar für einen Kaffee bei McDonalds? Die bizarrsten Geschichten aus der Weltpresse – stets skurril und immer wahr, fast immer.

Gaby Köster
Die dümmste Praline der Welt

Mit zahlreichen Fotos
KiWi 444
Originalausgabe

Ein kleines, bescheidenes Thema: die Geschichte der Menschheit bzw. deren weiblichen Teils: eine Million Jahre in einem Buch. Ein wilder Ritt durch die Jahrhunderte von Gaby Köster, der neuen Comedy-Göttin.

KiWi Paperbacks bei Kiepenheuer & Witsch

Wigald Boning
Fliegenklatschen in Aspik

mit 40 farbigen Abbildungen
KiWi 411
Originalausgabe

Was haben ein Paar Gummistiefel, eine Großpackung Kukident und 15 Liter pasteurisierte Bananenmilch im Sandsack eines Boxers zu suchen? Warum setzt sich Otto Graf Lambsdorff so vehement für Lakritze und saure Drops ein? – Diesen und vielen anderen Fragen geht Wigald Boning in seinem wunderbaren Gesamtkunstwerk auf den Grund.

KiWi Paperbacks bei Kiepenheuer & Witsch